負けに不思議の負けなし

〈完全版〉　上巻

野村克也

朝日文庫

本書は一九八四年三月、朝日新聞社より刊行された『組織戦の時代　プロ野球　野村克也の目』と、一九八五年三月、同社より刊行された『プロ野球　監督たちの戦い』を加筆・修正し、上下巻にしたものです。尚、所属チームや肩書、記録などは執筆時のものです。

「負け」を「負け」にとどめてはいけない

いつだったか、どこかのパーティーに出席したときのことだった。ある企業家が経営者の心がまえについて、自分の体験を織りまぜながらスピーチをしていた。私はお世話になった人たちへの挨拶にかまけて聞き流していたのだが、ある個所にきたとき、「これだ」という言葉にぶつかった。

勝ちに不思議の勝ちあり　負けに不思議の負けなし

というのである。おそらく戦国武将かなにかの戦陣訓の類だと思うが、なかなかいいところを突いている。いわんとしていることが実に合理的だ。

現役時代に、しばしばラッキーな勝ち星を拾った。完全に負けたところで、こちらは半ばあきらめているのに敵さんのほうで信じられないミスをする。自分で転んでこちらに勝利をプレゼントしてくれたようなことが確かにあった。つまり「不思議の勝ちあり」である。ところが負けたほうにしてみれば不思議でもなんでもない。ちゃんと敗因がある。たとえば走塁ミスで負けたとしよう。まず走塁そのものの巧拙が責められるべきだが、なぜそういう走塁になってしまったのか、普段の練習は十分だったのか、それから采配に無理はないか、選手の能力を無視して走らせていなかったか、などというチェックポイントが、それこそ山のように出てくる。そういうもろもろをいちいち検証して次に備えることが、チームを強くするうえで非常に大切だと思う。事実、強いチームはそのあたりに手抜きがない。

「アンラッキー」などといって済ませてしまうとすれば、これは間違いなく下位球団の姿である。野球に限らず企業でも同じだと思う。だからこそ、企業家がこんな言葉を口にしたのだろう。

この言葉は上の句と下の句からなっているが、明らかに「下」に力点が置かれている。意識したことはなかったが、私の野球人生はたいがい「負け」からスタートしている。しかし「負け」を「負け」にとどめてはいけない。どう勝利に転化させるか常に考え続けたつもりだ。いささか抹香臭くなったが、勝負ごとはこれにつきるような気がする。

野村克也

負けに不思議の負けなし　〈完全版〉　上巻　目次

負けに不思議の負けなし　〈完全版〉　上巻

構成　柘一郎

一流になるために破らなければならない壁

巨人・原の体つきが大人っぽくなった。入団した年、背番号を頼りに探さなければ見つからなかったその姿が、今年はすぐ目に飛びこんでくる。なによりもユニホームの似合う選手になった。決して体重が増えたわけではないのに、大きく見える。ひとつひとつの動きにもメリハリがきいている。プロ入り三年目の今年、本当の長距離打者へと脱皮するのかもしれない。私は、グアム・キャンプでいきいきと動く原を目で追いながら、そう思った。

しかし、ふたこと、みこと、彼と言葉を交わしてみて、自分の第一印象が誤りであることに気づいた。

そのときの立ち話はこんなふうであった。

「何か、つかんだんじゃないの」

「いやぁ、分かりませんね」

原はコマーシャルで見せる屈託のない笑顔で答えた。私の聞きたかった「何か」とは形のあるものではない。長打を打つためのコツとか、カンとかいった、言葉にしにくい「何か」なのである。ひょっとすると、原は体得していても、頭の中でまだ、整理ができていないのかもしれない。それにふさわしい言葉が用意されていないのではないか。私はそう思って何回か、角度を変えた質問を試み、なかに、

「相手投手の球を読めるようになった?」

という問いをはさんでみた。すると原は、

「いや、ボクは球をしぼるようなことはしません。来た球にどう対処するか、それしか考えていないんです」

と答えた。いかにもソツのない返事だが、これは若松とか篠塚といったアベレージヒッターのいうことである。もし、原が本塁打王を狙おうとするのならこれではいけない。本塁打を量産する打者は二つの条件を備えているものだ。私はそれを自分なりに「基礎編」と「応用編」とに分けている。コンピューター世代には「ハードウエア」と「ソフトウエア」といったほうが通りがいいかもしれない。「ハードウエア」というのは球を遠くまで飛ばすだけの強靭な肉体と技術のことである。原は入団した年が二十二本、

二年目の昨シーズンは三十三本をスタンドに打ちこんだ。それを考えると「基礎編」は一応、卒業するだけの力があるとみていい。

問題は「応用編」にある。

試合後のインタビューで、ヒーローになった選手が「張ったヤマがピッタリあたったから」と誇らしげにいうのを聞いたことがおありだろう。博打《ばくち》的ニュアンスを感じさせるせいだろうか、われわれ解説者のなかでも、こうした行為を戒《いまし》める人が少なくない。しかし、そういう人に限って、過去はアベレージヒッターである。

「ヤマを張る」という言い方が気にさわるのなら、「状況を読む」とか、「球をしぼる」と言い換えてはどうか。私が原に尋ねた「コツ」や「カン」とは実はこのことをさしている。山本浩二にしても掛布にしても本塁打を競う打者はみんなヤマを張っている。それぞれ表現が違うだけのことだ。好投手になると、緩急の差が時速にして三、四十キロもある。それを、内外角、高低にと投げ分けてくる。内野手の間をゴロで抜くだけなら、来た球によって打ち方を変えて対応することもできるが、本塁打はそれでは生まれない。狙い球をしぼったうえで、思いきったスイングをしなければならない。「来た球に合わせる」と原から聞いたとき、彼は自分がどういう打者になりたいのか、進路をまだ決めていないなと感じて、私はいささか失望した。

振り返ってみると、私自身が「応用編」を通過したのは今の原と同じ二十五歳のころだった。当時の私は、カーブがまるで打てなかった。直球をスタンドに運ぶことはできても、カーブがくるとバットが空を切った。投手も私を甘くみて、自信を持って投げてくるから、都合の悪いことに、ほかの球種も生きがよくなった。私はこのままでは本塁打を増やせないと思い知らされた。相手を読もうと考えたのはこの時期である。

それでも最初のうちはうまくいかなかった。「カーブかな」と思って待っていると胸元の直球だったりした。「読む」ことを志す人は毎年、何人もいる。だが、たいてい三試合ほどであきらめてしまう。

とくに素質に恵まれた選手ほどその傾向が強い。そんなことをしなくてもけっこう打てるものだから、つい易《やす》きに流れる。もっとも、みんなが「読み」に徹しはじめたら非才の私は大いに弱ったことだろう。

初めて相手の手のうちが分かったときはうれしかった。その投手はカーブを投げようとすると、振りかぶった右腕にスジが浮き出て、ピクピクッと震える。一人のクセが分かると、ほかの投手のそれも読めるようになるものらしい。べつのある投手はグラブの中の、ボールを握っている手がときどき、二センチほど下がった。この場合は間違いなくカーブがきた。

いったん、そうした「目」が開くと、こんどはクセだけでなく心理状態ものぞけるようになる。ピンチに立たされた投手が浮足だったり、逃げ腰でいるさまが自然に分かってくる。こうなったらしめたものだ。あとは狙いを定めてフルスイングすればいい。万が一、読み違えたら「失礼しました」と人知れずつぶやいて、頭を下げる。本塁打を狙う打者にはそれくらいの度胸が必要である。

ひょっとすると原は懐疑主義者なのかもしれない。ああいう答え方をした彼のことを考えていて、私はふと、そんな思いにとらわれる。いくら球をしぼらないといっても、「次は外角直球かな」といった程度のひらめきは高校、大学、プロを通じて何度か、あっただろう。ただ、生来、心に疑問符を持っている人は、「九〇パーセントそうでも一〇パーセントは反対かもしれない」と、逆のケースにこだわりがちだ。となると、ヤマなんてとても張れない。踏んぎりがつかないのだ。

原が、私の考えているとおりのタイプだとすると、なかなか厄介である。けれど、手がないわけではない。

「応用編」をひとまずワキに置いて、「基礎編」に力を注ぐことである。卒業の上についている「一応」という言葉を「完璧」に置き換えてしまえばいい。事実、それを実行して本塁打王になった選手もいる。田淵である。田淵は球をしぼるなどという面倒な作業はしない。いつだったか、「ボクは来た球をパチッとやるだけですヮ」というのを聞いてびっくりした覚えがある。

田淵は打つときに右肩の下がる欠陥を持っていた。右肩が落ちると、どうしてもボールに伝わる力が拡散する。したがって飛距離が伸びない。田淵の場合、阪神入団後、二、三年でそれがなくなった。どのように工夫したのかと思っていたら、彼は向かってくるボールに左手の甲をぶつけるつもりでスイングして克服したという。常識では思いもよらない矯正法を見いだすあたり、「練習の鬼才」といえるかもしれない。彼はいわゆる練習の虫ではない。それどころか、手抜きの名人である。が、こういう発見ができるところをみると、あながち手抜きばかりではないらしい。こういう発見は水面下の努力がなければ実るものではない。

「読まない」という点で原は、田淵と似ている。不思議なことに昔の田淵と同じ欠陥も持っている。本人もそれを承知しているとみえ、キャンプでも、

「肩を水平にまわすよう心がけているんです」

と、しきりに強調していた。が、ちょっと油断すると、すぐ悪いクセが出る。田淵のように直すための適切なヒントをつかんでいない証拠だろう。「基礎編」の右総代が田淵だとすれば、原は優等生ではあるが、一歩も二歩も後れをとっている。

本塁打二、三十本、打率二割七分程度の打者は、伸びるか頭打ちになるか、微妙な位置にいる。微妙さ加減をコーチの立場から説明しよう。ヘタにいじくって、迷いでもされたら、たちどころに成績が下がる。原のようなスター選手が対象の場合、失敗すれば責任を問われかねない。いきおい消極的になる気持ちも分からないわけではない。同じことが本人にもいえる。現状のままでも一人前の顔ができるし、すこぶる居心地はいい。つい安住しがちだ。その上のクラスにいける打者が何人、ここを終着駅にして球界を去っていったことか。

キャンプで会った王助監督は「原には何も注文していない」といっていた。まさか、王に限って逃げ腰になるとは思えないので、どうしてなのか、さらに質問を重ねたところ、

「オレとは方法が違うんだ」

といっただけで、はぐらかされてしまった。私は王がいいよどんだところに原への危惧がひそんでいるように思えてならない。

原が入団した年、私は主戦級投手なら二球で料理できる打者だといった。去年はそれが三球になった。「読まない」打者だからストライクを続けてほうってやればどれかに手を出し、凡打に仕留めることができる。いうまでもなく、ここでいう二球ないし三球

は、きわどいコースでなければならないことは論を待たない。

それでは、体つきがプロらしくなった今シーズンは何球を要するだろうか。残念ながらまだ、三球ですみそうである。

強打者に対して投手はふつう、四球以上を費やす。一見、無駄と思える球をはさんで相手を読みにかかる。幻惑したり、出方を偵察したうえで勝負にいかないと痛い目に遭うからだ。相手が下位打線でも、ピンチのときは例外的に強打者同様の「四球コース」で攻める。

球史に残る打者はたいがい、二十五歳前後で「三球コース」を卒業する。その意味で原もちょうど、お年ごろである。「若大将」のキャッチフレーズもいいけれど、私なら他チームのエースから「あいつも四、五球、必要になったワイ」といわれたほうがうれしい。


（83・3・11）

わざと打たれる理由

テレビ解説の仕事で日ハム―近鉄のオープン戦をみた。観戦しながら実は大いに弱った。しゃべることがあまりないのだ。

たとえばシーズン中なら、

「ここはどんな作戦でくるでしょうか」

というアナウンサーの問いかけに、ヒット・エンド・ランとか、送りバントとか、戦況や監督の個性を考えたうえで、自分なりの答えを開陳してみせればいい。

ところが、この日は両軍ベンチともほとんど動きらしい動きがない。ランナーが出ても打者にまかせっきりで、細かい指示も出している様子はみられなかった。しかし、これはなにも大沢、関口両監督が手抜きをしているからというわけではない。

オープン戦には各チームとも目的を持って臨む。チームの実情によって、それはさまざまだが、大ざっぱに分ければ次の四点であろうか。

①キャンプで練習したチームプレーをためす。

②新入団選手の実力を瀬踏みする。

③一軍半の若手選手の成長をうながす。

④レギュラークラスの実戦カンを養う。

ただし、これは他リーグチームとの他流試合の場合であって、同一リーグ同士の戦いとなると、がぜん、様相が変わってくる。まず、真っ先に①が消える。次いで、監督によっては②もやめてしまう。すると、残るのは③と④だけということになる。③の若手選手は一軍への登竜門だから懸命に取り組むだろうが、④のベテラン勢はおおむね、悠揚せまらぬスローペースだろう。

もともと、オープン戦というのは勝負を度外視した試合である。ありていにいってしまえば面白い代物ではない。同一リーグ同士の場合は、わずかに残された面白さの中からさらにいくばくかをかすめとってしまうのだから、これはダシを取りつくしてしまったガラに似て、もう、味も素っ気もない。

せめてスター選手が最後まで顔を見せてくれれば、まだ救いもあるが、山本浩二にしても、柏原にしても最近のスター選手は、打ったり、守ったりするのがよほどつらいらしく、二回も打席に立てば、あとはベンチにひっこんでしまう。オープン戦とはいえ、近ごろは公式戦並みの料金をとっている。寒気にさらされたスタンドで、最終回までじっと動かずにいる親子連れを見かけたときなど、スター選手は心が痛まないのだろうか。

それではなぜ、同一リーグ同士のオープン戦はダシガラになるのか。ひとことでいえば敵に内情を知られたくない、という勝負師の防衛本能のようなものが、そこに働くせいである。

たとえばチームプレーについて考えてみよう。

私は南海の監督時代、キャンプで、投手と内野陣をからめたサインプレーをよく、練習させた。弱いチームが上位をうかがうためには、ひとつでもいいから毎年なにか、「新しい武器」をふやす必要がある。そうでもしないと地力のあるチームになかなか勝たせてもらえない。私はサインプレー習得のためにそれを徹底してやらせた。最後にはヘッドコーチのブレイザーが、

「これ以上やると投手が神経的にまいってしまう」

と諫《いさ》めにきたほどだが、それでもやめなかった。

そのなかに、投手が二塁へ牽制するふりをして、すかさず一塁ランナーを刺す、というプレーがあった。いまではサインプレーの古典のような存在になってしまったが、当

時は斬新で、かなりの成果をあげた。しかし、このプレーは同一リーグチームとのオープン戦では絶対に使わなかった。わがチームには「敵に塩を送る」余裕はとてもなかったし、また、敵にも送ってくれるほどのお人好しはいなかった。そんなときは、たがいに居眠りしているような試合運びをしてみせたものだ。

日ハム—近鉄戦が無味乾燥だったのも、これと同じことで、両チームが、「新兵器」の隠しっこをしていたためである。

三月五日、高知で行われた西武—阪急戦では、ベンチにいる西武の選手がしきりにメモをとっていた。あとで聞いたところ、広岡監督が、

「なんでもいいから、気づいた点を書くように」

と指示したためだという。この試合で、前評判の高い新外人ブーマーが永射《ながい》からバックスクリーン横へ打ち込んだ。本人は来日第一号にほっとしているだろうが、喜ぶのはまだ早い。広岡監督のことだからわざとホームランボールを投げさせて、実力のほどを永射に探らせたのかもしれない。企業秘密がもれたのかどうか、ホームランをよそに阪急首脳陣の表情がいまひとつさえないのは、そのあたりが原因だと思われる。

それはそれとして、今シーズンのオープン戦はやけにダシガラゲームが多い。あまり目につくので数えてみたら、百二十九試合中、両チームともセ・リーグというのが十七、

パ・リーグ同士というケースが十五試合もある。こんな例は過去になかった。これはむろん、ほめられた傾向ではない。罪の第一等はお客さんに「プロ野球って、町内野球ほどの迫力もない」と、いらざる誤解を与えてしまうこと。そしてもうひとつは、選手の技術革新の道をせばめてしまうことだ。

オープン戦でいちじるしく伸びた選手をひとりあげろといわれたら、私はまっ先に昔、南海に在籍した皆川投手を推薦する。

彼は典型的な頭脳派選手である。シュートで右打者の胸元をえぐり、腰を引かせてからゆるいカーブを外角に落とす。右打者の攻め方はピカ一だった。ところが、左打者に対すると、信じられないほど打ちこまれた。左打者の胸元を攻める球がなかったからである。そこで彼はキャンプのあいだ、スライダーのマスターに没頭した。鋭いスライダーがあれば左打者の内ぶところをつける。攻略法はぐんと楽になる。私は、彼がそれをいつ試投するか、楽しみにしていた。

はたして、皆川が「新しい球」を投げたのは巨人とのオープン戦であった。一死満塁、しかも打者は王である。この場面で皆川は王をセカンドフライに打ちとることができた。あのときの皆川の得意そうな顔ったらなかった。そして、自信を得た彼はこの年、飛躍的に勝ち星をふやした。

しかし、ここで考えていただきたい。打者が王でなく、かりに張本（当時は東映）だったとしたら、皆川がスライダーをほうったかどうか。私は投げないほうに賭ける。むしろ、彼は棒球を投げてわざと打たれるほうを選ぶのではないか。個人といえども、同一リーグ同士のオープン戦ではこれほど気を使う。気を使うだけならまだいいがこうした試合ばかり続くと、隠し続けるあまり何も得るところのないまま、オープン戦が終了してしまう。そうなったらチームにとっても選手にとっても悲劇だ。

オープン戦のスケジュールは前年の暮れに、各球団の営業担当者が集まって決める。監督はこれに、ほとんどタッチしない。担当者は、オープン戦でキャンプの費用を捻出しようとするから、いきおい、お客を呼べる人気球団に話を持ちかける。その伝《でん》でいくと、一番人気は巨人戦、二番がセ・リーグ同士、次いで巨人以外のセ球団対パ・リーグ、どんじりがパ・リーグ同士である。今年は一番、二番人気の線で、話がどんどん決まっていった。パ・リーグ同士がかなり多いのは、そのあおりをくった球団がたがいに手を差しのべあったせいだろう。

だが、これでは本末転倒ではないか。いくら人気カードを組んだとしても、「隠しっこ」まがいの試合を見たいと思うファンは、そのうちいなくなるにちがいない。

西武にいた昭和五十五年、私はライオンズの一員としてフロリダのキャンプに参加した。そのとき、クラブハウスで、偶然、ホワイトソックスの監督が電話しているのを聞く機会があった。耳を澄ますまでもなく、陽気な大声が飛びこんでくる。どうやら内容はオープン戦の申し込みらしい。相手もどこかのチームの監督のようである。

「コンディションはどうだい。来週、おたくと一試合、どうかね」

こんな調子の会話がしばらく続いたあと、試合の約束がいとも簡単に決まってしまった。日本では考えられないやりとりである。私はこうすれば現場の要求にそったオープン戦が組めるな、とヒザを打ったのを覚えている。

確かに大リーグと日本の野球とではキャンプやオープン戦に対する考え方がちがう。自主トレと称して一月から走りこみを始め、ひたすら基礎体力づくりに励む日本式キャンプに対し、あちらはキャンプインして十日ほどで思い切り投げて、走れる体にする。あとはオープン戦を通じて仕上げていく。はっきりと試合重視の姿勢を打ち出している。

自分自身、走るのが苦手だったからいうのではないが、私はかねがね、日本式キャンプのお決まりメニューと化している「マラソン」は意味がないと思っている。レギュラーにまだ届かなかった時分は、首脳陣の心証を悪くしてもいけないと思い、それなりに走ったが、正捕手になってからは歩くような感じでついていくことにしていた。そんな時間があるなら、なぜ、実戦で技を磨かないのか、不思議でならなかった。だから、大リーグ方式に大賛成だ。

営業がソロバン勘定優先の試合を組んでしまうというのなら、それとは別に監督同士が気軽に話し合ってみてはどうか。中日、ロッテなど五球団がキャンプをはった南九州なら、距離的にも近いし、やってやれないことはない。いまは各球団とも立派な専用バスを持っているから移動は楽にできる。球場はキャンプで使っているところをそのまま使えばいい。そうすれば経費だって、たいした額にはならない。発想をちょっと転換しさえすれば、日本でも十分できることなのだ。

今年もヤクルトがユマに出かけていった。過去を振り返れば、十二球団中、半数近いチームがアメリカキャンプの経験を持っている、それなのに、こうした合理的なやり方が生かされていないのはどうしてなのか。どこの監督だってまさか、「財産隠匿」を主たる業務にしたいと願っている人はいないだろうと思うのだが……。

(83・3・18)

新人教育のノウハウ

巨人とのオープン戦で初めてヤクルト・荒木をみて、オヤッと思った。マウンドで捕手からの返球を受けとるしぐさが実に柔らかい。手のひらに球を吸いよせるようにして捕球する。ささいなことのようだが、彼の野球センスを占うにはかっこうの材料である。高校を出たての投手で、こういう優雅なグラブさばきを見せたのは最近では堀内だけだろう。

ただし、センスは似ていても、二人の実力はとなると格段の差がある。堀内には打者をのけぞらせるだけの直球と落差のあるカーブがあったが、荒木にはこれといった武器がない。なるほどコントロールは悪くない。スピードもそこそこある。けれど、これだけでは高校では通じてもプロでは苦しい。

この試合でも平田を簡単にツーナッシングと追いこんだあと、八球ねばられて結局、フォアボールを選ばれてしまった。これは決め球のない証拠だろう。ファンの中には「それでも、原を打ち取ったのだから」と評価している向きもあるかもしれない。しかし、原との対決はもう少し違う角度から検討する必要がある。

横綱は新入幕力士との取り組みを非常にいやがる。勝って当たり前、負けでもしたら周囲から何をいわれるか分からない。野球でもそれは同じである。原は初球をファウル、二球目のシュートを見逃して、平田同様、簡単に追いこまれた。彼は思わず苦笑をもらした。このとき、自分が横綱であることを強く意識したと思う。

私にも経験があるが、こういうとき打者は三振だけはしたくないと真っ先に考える。そして、チョコンと当てにいく。はたして原は2—2からの五球目、高めの甘いシュートをセンターに上げた。まさにチョコンと当てたバッティングである。しかし、これが一イニングだけでなく二打席、三打席目になるとこうはいくまい。同じ球を投げたら、次はスタンドに運ばれるだろう。

甲子園出場組で大学やノンプロにいかず、ストレートでプロ入りした投手の実力を、私は三つのランクに分けている。

まず、Aランク。この中には尾崎、池永、木樽、小松が入る、次いでBランクには太田幸、定岡、牛島といった面々が連なる。最後のCランクになると、王、柴田、金村、酒井と打者転向組が多くなる。荒木は残念ながらこの部類である。私は中でも柴田にいちばん似ているような気がして、彼に水を向けたところ「カンベンしてよ」と逃げられてしまった。自分の若き日々を目のあたりにして照れくさくなったのだろう。ランクアップした定岡のようなケースもあるのだ。　私にいわせれば彼は巨人大学を一年留年して、都合五年かかって卒業した。荒木は早大進学かプロ入りかで、ずいぶん悩んだようだが、なに、定岡同様、ヤクルト大学に入学したつもりでやればいい。努力次第で四年制が短大になるかもしれない。

対阪急戦のデータを見る限りでは、荒木の球速は一三〇キロ前後、巨人戦でもこれを上回ったとは思えない。一三〇キロというのは打者にとってもっとも打ちやすいスピードである。本人もその点は自覚しているらしく、

「打たせて取るコツを早く覚えたい」

などと殊勝なことをいう。シュートとカーブの揺さぶりが武器の西本を目標にしている、という選択も誤っていない。ただ、西本はどちらかというと体が硬い。硬いから球を放つ位置がかなり早い。これに対し、荒木はグラブさばきのところで説明したように、体は西本よりずっと柔らかい。今はまだ腰まわりが小さく下半身ができていないので、本来の柔軟性が投球フォームに表れてこないが、みっちり走りこめばやがて変わってく

るだろう。となると、投球術の先生は同じ体質の定岡になるような気がする。

それと、フォームをみていて気になったのは、投球がイチ、ニッ、サンのリズムでくることだ。これではタイミングがピッタリと合ってしまう。打者はちょうどバッティングセンターのマシンのようなつもりで楽に狙ってくる。いい投手になると、この「ニッ」と「サン」の間に必ず小休止がはさまる。かけ声を合わせるとき、「イチ、ニッ、ノォサン」とやる、あの「ノォ」がそれにあたる。「ノォ」は長ければ長いだけ相手を惑わすのに効果がある。長いといってもストップウオッチで測れば、その差はコンマ以下の秒数だろうが、投手にとってはこの微差を利用するかどうかがすこぶる大きい。

ホームベースにボールを並べていくと横一線に七球入る。荒木がコントロールを命と頼むのなら、ベースの右でも左隅でもいいから、球一つ、ストライクゾーンからはずれる、八番目のボールを覚えることだ。投球の幅がグンと広がる。それが、小さな鋭いスライダーならいっそう、都合がいい。同じ高校出で、八番目のボールの使いどころを知りつくしていたのは池永である。

あれはオールスター戦だった。彼が捕手の私のところにやってきて、唐突にこういった。

「ノムさん、ランナーが一塁に出たらゲッツーでチェンジにしてみせようか」

内心、私は若造にそんな芸当ができるものかとタカをくくっていた。すると、池永はお膳立てが整ったあと、セの某代表的打者にとんでもないボールを二球続けた。明らかにバッターをじらす作戦である。そして、打ち気が頂点に達したとみるや、外角に「八番目のボール」をストンと落とした。打球は内野を這い、あっという間に併殺が完成した。あの時ほど驚いたことはない。ずっと球界に残っていれば池永は間違いなく名球会入りを果たしただろう。

最近の若い選手は高校、大学、ノンプロと、出身を問わず、教わることに慣れすぎている。自分で工夫したり、先輩から盗むといった作業をほとんどしない。というより、コーチが教えてくれるのを待っている。池永のころとは選手気質がちがっている。荒木もその例にもれないらしい。ヤクルトナインに聞くと、

「とにかく教えたことをすぐこなす」

との評判だった。リトルリーグ、早実と続く彼の球歴を思えば、その傾向はなおさら強いのかもしれない。現代っ子野球児の中でも優等生なのである。ユマキャンプで大リーグ、パドレスのシャリー・ピッチングコーチから、投げるとき体がそっくり返って、体重がうまく乗っていないと指摘されるや、短時間でフォームを改造し、自分のものにしてしまった。その即応性には恐れいる。

私はフォームの改造に決して消極的ではないつもりだ。ただ、それを実施するには一定の条件がいる。「見る」、「知る」、「直す」。コーチはこの三段階を踏むことがまず大切ではないか。荒木にあてはめていうならば、迷わず二軍生活をさせるべきだろう。半年くらい下において、じっくり彼を観察する。そうすれば欠点、長所が自然に浮かび上がってくる。時に短所と思われていたものが、長所に変わることがあるから、ここで短兵急を決めこむのはよくない。

答えさえ見つけてやれば、彼のような環境に育った選手は、のみこみが早い。たちどころに教えを実行する。その意味ではコーチの腕の見せどころ、コーチ冥利につきる素材だといえる。

そういえば、巨人の藤田監督が荒木に関して、面白いたとえ話をしていた。

柴田が鳴り物入りで入団したとき、ピッチングコーチは鬼軍曹と異名をとった別所毅彦である。その別所コーチが最初のうちは、

「イサオちゃん」

と愛称で柴田を呼んでいた。それが、メッキがはげるに及んで、

「オイ、コラ、イサオ」

になったという。あの別所さんに限ってそんなことはない、偶然、呼び方の変わる時

期が、柴田の失速点と重なっただけなのだろうが、この話は含蓄に富んではいないだろうか。藤田監督は単純に、そうならないように願って、このたとえを持ち出しただけにちがいない。しかし、私なら一軍半扱いをされている今の状態より、

「オイ、ダイスケ」

と早く怒鳴られるほうを勧める。二軍にいって、つっけんどんにされているうちに、才能があれば、人知れず芽吹いてくる。そうなれば、頼まれなくても人は愛称をつけて名を呼ぶ。

プロの世界が仲良しクラブではないことを早く知ったほうがいい。

（83・3・25）

さりげないひとことが効く

　大投手特有の性質を江夏ほど持ち合わせている人間も珍しい。いつでも、「ワシが一番や」と思っている。強烈な自己主張、辟易したくなるほどのウヌボレとプライド。これが球界でなければ、「奇人」か「変人」となる。

　その江夏と、テレビ朝日の対談の仕事で一緒になった。黒いチョッキに黒ズボン、胸元には超幅広の黒いネクタイ。その上にグリーンのタータンチェックのジャケットを着込んでいる。これも彼の自己主張の表れなのだが、よくも、まあ、こんなハデハデしいかっこうができるものだ。いつものことながら恐れいってしまう。

　対談の合間に、オープン戦の登板予定を聞いてみた。すると江夏はテレビ中継のある日を、私から逆に聞き出して、

「ノムさん、解説するんでしょ？　そんなら、その日に投げようかね」

とこともなげにいう。オープン戦とはいえ、登板日は監督が決めることだろう。一介の選手が勝手に決めるのは、越権行為だし、統制違反だ。私はそう思ったが、黙っていた。いい出したら聞く男ではない。

調整に関しても、この自己中心主義は貫かれている。江夏は、開幕までに二千五百球投げ込む、といった。自分の体力、技術を知りつくしているからこそ出てきた数字だろうが、一球のムダもなくキチッとはじき出すところが、いかにも江夏らしい。

彼はこれをさらに二千球と五百球に分ける。前段の二千球で肩を作りあげて、それが終わると全力投球に移る。これが後段の五百球である。オープン戦の登板は五百球態勢の中ごろか、後半、というのが彼のプログラムだ。実戦のカンを取り戻すのが目的だから、ハナから結果は度外視している。

だいたい、「大投手」という種族はオープン戦で好投しない。寒い時期にがんばって、首脳陣の心証をよくする必要がない。すでに覚えはめでたいのである。少なくとも本人はそう思いこんでいる。それに、春先に無理をして、肩でも痛めたら、それこそシーズンを棒にふってしまう。「利き腕一本で信頼を勝ちとっている」という意識の強い彼らは、そのあたりに、異常なほど神経を使う。かたくなにマイペースを守るのも故なきことではない。同じ選手でありながら野手とは調整法が根本的に違う。

金田さんにしても、稲尾や杉浦にしても、オープン戦ではよく打たれた。シーズンでみせる剛球がウソのようだった。たまさか、スコアボードにゼロが並んだとしても、それは相手打線の貧打による僥倖《ぎょうこう》であって、本物ではない。ちゃっかり手を抜いていた。それでもさすがにノックアウトされたあとは憮然としていたが、これにだまされてはいけない。表向きそう装っているだけで、本心はちょっと違う。

「なんで、金にならん試合に、しゃかりきにならにゃいかんの。ファンに顔見せもしたし、これで十分やないか」

おおむね、そんな気でいる。

江川が阪神とのオープン戦に初登板し、八失点とさんざんな目に遭った。はたして、翌日のスポーツ各紙は「開幕に赤信号」「調整に失敗」などと、オニの首でも取ったように書きたてた。しかし、この予測はどんなものだろう。アンチ江川の溜飲を下げる材料にはなっても、だからといって、彼がこのままの状態でシーズンに入るとは思えない。伝え聞くところによると、試合後、彼は報道陣を前に、

「開幕に間に合わせなけりゃいけませんね。でも、どうすりゃいいんでしょう」

と、マユを曇らせてみせたらしいが、これも、まともに取り合わない方がいい。次の練習では、

「体が張って、はって、メンフラハップ」

　などと、自分の出演しているCMをもじったジョークを飛ばして、人をけむにまいている。もし、本当に調整に失敗したのなら、こんな冗談をいってはいられまい。大投手のウヌボレがいわせているにちがいない。江川はキャンプ前半から、一貫してマイペースで調整を進めてきた。グアムで会ったときも、ビュンビュン投げこむ西本や定岡を尻目に、捕手を立たせたまま軽いキャッチボールを繰り返すばかりだった。

「スローペースだね」

　と話しかけると、

「コーチはほうれって、うるさいんですけど、まだ、全力で投げる気はないすよ」

と、とりあわない様子でニヤついていた。私はこのとき、江川も大投手になったな、と感じた。いささか逆説的だが、オープン戦のメッタ打ちも、だから予想外の出来事ではなかった。それにしても、ゆうゆうとマイペースで調整する連中を横目で見ながら、ハラハラドキドキを繰り返す監督の心中は察してあまりある。

　打たれたからといって、

「なにしてるんだ」

　などといおうものなら、たちどころにソッポを向かれるし、といって、何も聞かないわけにはいかない。監督にしても、本当に大丈夫なのか気がかりである。

私にもこんな思い出がある。昭和三十四年、当時、南海は鶴岡一人監督がひきいていたが、オープン戦期間中は大リーグのキャンプ視察にいって留守だった。その間、亡くなった蔭山和夫さんが代理で指揮をとった。オニのいぬ間ではないが、選手たちは夜の町に精勤した。私も杉浦も連夜の門限破りである。大の男が雨どいをつたって、カワラ屋根のきしみを気にしながら、二階の自室にもぐりこんだ。思い返すと冷や汗が出てくる。そのせいか、南海は負け続けた。杉浦も火ダルマになった。ある晩、杉浦と私は蔭山さんの部屋に呼ばれた。なんのことはない。お説教である。

「チームの柱がこんなことでは、若い者にしめしがつかない」

そのうち、蔭山さんは泣きはじめた。私たちは正座したまま、しんみりと聞いていた。けれど、翌日はまたはりきってネオン街に出撃し、チームは依然として、負け続けた。しかし、シーズンに入るや、杉浦は人が変わったような好投をみせ、三十八勝をかせぎ、チームは日本一になった。蔭山さんには悪いが、杉浦も私も、本チャンになればやるさ、といった気持ちで、お説教を聞いていた。好成績は、なにも涙の説得が効いたせいではなかった。

涙より効果的な方法がある。大投手は天の邪鬼である。監督やコーチが「右」といえば、「左」を向く。その性質を逆手にとるのだ。投げこみが不足しているなと思ったら、暖かい日を選んで、「疲れているんだろう。今日は休めよ」と話しかける。即座に「いや、これから投げるつもりです」とくること請け合いだ。

それともう一つ。彼らはさりげないひとことに弱い。傲岸不遜の割に、人恋しいところがある。たとえば阪神戦で打たれた江川をベンチで迎えるとする。なんといったらいいか。

「お前、ちゃんとほうっとんのか」

こういうのは神経を逆なでするだけでなんの効果もない。江川あたりになると監督がどういうか、おおよその予想をしながら帰ってくる。そういうときに本音を見せつけてしまっては、ただもうバカにされるだけだ。少なくとも、

「エースなんだから」

という言葉をどこかに付け加えなければ、いけない。

私なら、こういう。

「阪神、よう打つなあ」

おそらく江川はこんなふうに答えると思う。

「そうですね、よく打ちますね」

大投手は、「評価」よりも「理解」されることを好む。この場合、会話の背後には、「お前さんがまだ調整途中なのを承知しているよ」という監督の気配りが仕組まれている。エースはそういうひとことにぐっと来る。それだけで両者の信頼関係ができていく。西鉄の黄金時代を築いた三原元監督の選手操縦法が、「三原魔術」といってもてはやされた。魔術の中身はなんだろうと、人に聞き、著作も読んだが、つまりはこれと同じ、さりげない気配りであった。

もっとも近ごろは、細やかな神経を使わなければならない大投手は少なくなった。江夏、江川のほかに山田（阪急）、鈴木啓示（近鉄）、村田（ロッテ）ぐらいのものだろう。

とくに名を秘すが、ある大投手から最近、こんな話を聞かされた。

「ウチの監督がね、私んとこ、すりよってきましてね、お前、オレのことを頼りないと思ってるんだろう、図星だろう、というんです。どうなってんですかね」

気の弱い小心な人物なのだろうが、これではとても大投手の操縦はおぼつかない。選手同様、監督にも、大投手と大人の会話のできる度量の持ち主が少なくなった。寂しい時代になった……。

（83・4・8）

定石と奇襲の差

西武が変わった。

なによりも選手の意識改革には目を見はらされる。オレが、オレが、だった悪太郎たちが、そろって「いい子」に変身してしまった。日本一になって、広岡イズムの浸透度は歩みをますます速めているようにみえる。こういうチームは本当に手強い。その強さはＶ９時代の巨人にちょっと似てきた。革命の推進役、広岡さんに改めて脱帽したい。

落合に会ったとき、

「どう、ロッテは優勝できそう」

と水を向けてみた。すると、この男は即座にこう答えた。

「ダメでしょう」

実につれない。まだ、開幕前なのである。もう少し、花も実もある言い方ができないものか。思わぬ返事に、私のほうがドギマギしてしまった。しかし、こんなことに驚いていては評論家はつとまらない。気を取りなおして、質問の二の矢を放つ。

「じゃあ、どうしたらいいんだ」

「ボクらにまかせてくれりゃいいんですよ」

これには二度ビックリさせられた。監督の立つ瀬がないではないか。真偽を確かめかねて、しばらくの間、目を見つめ返してみたが冗談でもないらしい。球界広しといえども、こういうことをシレッといってのけられるサムライは、彼を除けば江夏ぐらいだろう。いや、ひょっとすると、放言の迫力は江夏以上かもしれない。その落合が西武について、

「少しも強いとは思わない。去年だって、なぜ、負けるのかな、と思ったぐらいだもの……」

と、本命視するスポーツジャーナリストにタテつくような発言をした。面白いと思ったのは、同じような感想を、もう一人の一匹狼、江夏からも聞かされたことだ。

広岡さんは定石を非常に重んじる。ここは送りバントがセオリーというケースには必ず送ってくる。よっぽどのことがない限り、定石をはずさない。対戦相手は、こういう戦法をしょっちゅう目のあたりにしていると、次の一手が読めるから、つい、安心して

しまう。安心はやがて、侮りにつながっていく。

これが逆に奇襲好きな監督だとしよう。すると、相手は異常なほど警戒心を抱く。たまさか、作戦が当たったりしようものなら、その印象が深く刻まれる。奇襲イコール手ごわさ、というイメージが、いつしか頭を支配する。

しかし、勝つための確率からいえば、定石にまさるものはない。古来の戦史をひもといても奇襲をかけるのは「弱いほう」と相場が決まっている。野球でもそれは同じだ。一分のスキもなく定石を実行してくるチームほど手ごわい敵はない。落合は、そのあたりを誤解している。

かつて、この戦法でV9を成し遂げたのが巨人だ。今の西武に比べて、ふところに幾層倍もの定石を持っていた。しかも、それを完璧にやってのける駒がそろっていた。江夏の「西武はそう強くない」というのは、当時の巨人を基準にしているからだろう。同じことをいいながら、落合と江夏と、二人の目は違うところを見ている。

西武は新しく与那嶺さんをコーチに迎えた。最初、私は与那嶺さんに何をさせるのかな、といぶかしく思ったが、オープン戦を見て、広岡監督の意図が分かった。一年目の春のキャンプで広岡さんは選手に手からベースに帰る練習を繰り返しやらせていた。ほんのわずかでも帰塁を早くできれば、今までよりも大きなリードが可能になる。その結果、どの選手も確実に一歩分、リードが大きくなった。これだけでも投手には相当大きなプレッシャーになるが、まだ、不十分である。「走」部門の定石を完成させるには、もうひとつ、仕上げが残されている。

アメリカのスポーツカメラマンはいつも二塁にピントを合わせている、という。私には彼らの職業意識がよく分かる。二塁ベース上がいちばん、エキサイティングだからだ。とくに、大リーガーがゲッツーを崩してやろうとするときの走塁はすさまじい。肉弾と化した走者の体がベースに向かって突進する。内野手はそれを、牛若丸よろしく飛びのいて送球しなければならない。

よく、野球は紳士のスポーツだという。確かにルールを厳守する、という意味ではそのとおりである。しかし、だからといって、「野球は格闘技」である、というもうひとつの格言を忘れてもらっては困る。日本に「格闘技」の迫力を持ちこんだのは、なんといってもスペンサー（元阪急）だろう。

こんな思い出がある。

阪急—南海戦でスペンサーが本場仕込みのスライディングを見せ、二塁手の国貞がすっとばされた。けがはなかったが、これをみたブルーム（当時南海）が、

「オレがカタキを取ってやる」

といって、二塁へこれも猛然と突っ込んだ。けれど、二塁手のスペンサーは少しもよろけず、迎え撃ち、ブルームは肋骨を骨折した。もちろん、スペンサーからの送球はピシャリと一塁手のミットに吸い込まれた。

なにも私は野球にプロレスを持ちこもうと提案しているのではない。戦術的に欠かせないと思っているからに過ぎない。たとえば一死一、二塁のケースを考えてほしい。一塁走者に、このゲッツー崩しの走塁ができればフォースアウトだけですむ。そして、なお一、三塁のチャンスが続く。投手はこうした場合、ハタで見る以上にガッカリする。失意のうちに投げる球は、えてして餌食になりやすい。

西武はそれを狙っている。スペンサーが去ってから途絶えていた走塁の「伝家の宝刀」を身につけようとしている。与那嶺さんならそれが教えられる。ただ、オープン戦でみる限り、石毛たち若手はかなりマスターしているようだが、ベテラン組は相変わらずのお嬢さんスライディングだった。田淵あたりが、あの巨体を揺すりながら突進してきたら、たいていの内野手は色を失って逃げると思うのだが……。

西武のロッカールームにいって驚かされた。コーヒーをご馳走になったのだが、一緒についてきたのが、昔なつかしい黒砂糖である。豆乳や中国茶が常備されているのは知っていたが、自然食がここまで徹底しているとは思わなかった。それをまた、選手たち

が違和感なく飲みほしていく。あるベテラン選手から、

「ノムさん、玄米やると、おつうじがよくなるよ、やんなさいよ」

と声をかけられた。私が「遠慮するよ」と手を振ると、まるで、かわいそうな人だといわんばかりの視線にさらされた。

広岡監督が就任したころは、こうではなかった。自然食をはじめ、禁酒令や厳しい門限に選手たちが反発した。「オレたちを大人扱いしてくれ」という声が満ちみちていた。なのに、この変わりようはどうだろう。不平居士の東尾までもが、

「ウチはいいですわ。まず、こんなチーム、ほかにないんじゃない」

とコペルニクス的大転換である。田淵だってそうだ。ヤクルト戦で宮本の送りバントに猛然とダッシュする彼を見て、改めて感慨を深くした。昭和五十四年のフロリダキャンプで、私は一塁手田淵にダッシュの注文を出した。捕手として、一塁手のバント処理能力をみきわめておく必要があったからだ。それによって、私の動きも違ってくるし、どこに送球するかの指示も変わってくる。しかし、田淵の返事は「しんどいですよ」のひとことだった。

優勝の翌年はチームのどこかに祝い酒の残り香がする。が、こと西武に関してはそれがない。練習ひとつにしても選手が歯をみせない。選手は監督をみながら育つ、とはよ

くいったものだ。西武はいつの間にか、豆乳の似合うチームになった。

日本一になった歴代の監督を並べてみると、監督の背後に必ずスーパースターがいる。超一流というのは鍛えても育つというものではない。監督からしてみれば、だから偶然の出会いに期待するしかない。「運」なのである。たとえば三原さんには稲尾が、鶴岡さんには杉浦が、川上さんには王、長嶋や堀内がいた。そして、こういう大監督といえども、スターの衰退とともに優勝から遠ざかった。しかし、広岡さんは違う。ヤクルト時代もそうだったが、西武をひきいる今も、超A級の選手と巡り合っていない。そのかわり、全員で勝ちとる野球を骨身にしみて知っている。優勝について、広岡さんは「全員でとるタイトルのことだ」といっているが、考え方がよく出ている。彼にとってスーパースターは不必要な存在かもしれない。

西武の選手たちは自分のタイトルや成績にばかり目を向ける「利益型」から、どうすればチームの勝利に貢献できるかを考える「貢献型」へと脱皮しつつある。落合を引き合いに出して気の毒だが、つまり「落合型」の選手がいないのだ。こういうチームはしぶとい。パ・リーグを見渡しても広岡野球を倒すだけのチームは見当たらない。公式戦はやはり西武を軸にした展開になるだろう。

それにしても、広岡さんの真実一路には恐れいる。やれ、選手の個性を損なうとか、玄米だけで力が出れば優勝は簡単さなどと管理野球批判がごうごうとしたのに、一歩も退かなかった。それどころか、二年目はさらに自分の「思想」を進めようとしている。私はかねがね、広岡さんをスタイリストだといってきた。ユニホームもよく似合う。けれど、最近、もうひとつ似つかわしい服装があるのに気づいた。日曜学校の神父さんの服装である。どんなものだろうか。

（83・4・15）

自信と不安は背中あわせだ

球場で、顔見知りのスポーツ記者や球団関係者から、

「おめでとうございます」

と、何回か、声をかけられた。サクラの時期におめでともないものだが、球界では昔から開幕日に、こんな挨拶を交わす。どこか正月ムードなのである。

もっとも監督や選手がおとそ気分でいるわけではない。確かに晴れやかさはあるのだけれど、同時に異様な緊張感が心の中に同居している。キャンプであれだけ練習したんだから大丈夫だ、という自信と、もしかしたらそれが結果につながらないんじゃないか、という不安が交互に頭をもたげてくる。落ち着かない気分だ。掛布が、

「一本、ヒットが出るまでは不安でしようがない」

といっていたが、その通りだと思う。いささか逆説めくが、この両方の感情にさいな

まれないようでは一流とはいえない。「不安」は、神のみぞ知る、という領域が野球にもあることを知っているからこそだし、「自信」は、体を限界まで鍛錬して、技術を獲得してきた、という経験と自負なくしては持ちえない。二流の選手にはこの二律背反が理解できないはずだ。胸中に巣食う「不安」と付き合うのが関の山である。

選手の家庭では、この朝の食卓にたいがい、尾頭付きや赤飯が並ぶ。念のいった奥さんがいると、さらにカチ栗や昆布まで用意する。背広から下着、クツに至るまで全部、新品に着がえて球場入りする選手もいる。開幕投手となった巨人・西本は片目を開けるとの願いをこめて、目玉焼きののっかったピラフを食べて、家を出た。

私も南海の監督時代、なにかにすがりたくなって、尾頭付きを用意したことがあるが、いつもと違った食卓の光景は緊張感の裏返しだったように思う。そういえば甲子園球児たちはゲンをかついで対戦前夜に「テキ」や「カツ」を、当日の朝食に「メザシ」を食べると聞いた。メザシのほうは「優勝を目指す」にひっかけてあるそうだ。選手たちにとって開幕は正月というより、むしろ甲子園気分といったほうがピッタリするかもしれない。

栄えあるゲームであればあるほど、野心家にとっては格好の舞台となる。こういう手合いは緊張感や心の葛藤よりも、自己顕示欲のほうが強く出る。ひとことでいえばオレが、オレが、といったタイプである。

昔、阪急にいた衆樹《もろき》がちょうどこれにあたる。開幕のサイレンが鳴りやまないうちにホームランを打ち、ベースを一周したい。衆樹はこんな夢を持っていた。元来はクリーンアップを打つ打者だったが、彼は自分の夢を実現するために、昭和三十七年、南海とのオープニングゲームで一番打者として打席に立った。戸倉監督に頼みこんで、そうしてもらったらしい。そして、スタンカの投じた第一球をあっという間にスタンドに運んだ。私がキャッチャーだったから忘れもしない。衆樹の得意そうな顔ったらなかった。衆樹の場合、本塁打になって、結果は良かったようにみえるが、初球狙いは一番バッターの使命を考えると、決してほめられたことではない。それが許されたのは古き良き時代だったからだ。

チームバッティングを優先させる近代野球が主流の今、こんなことはありえないと思っていたら、後楽園の開幕戦で大洋の一番加藤博が衆樹まがいの初球打ちをした。これには驚くと同時にガッカリさせられた。

一番打者の初回の役割は、自軍の同僚たちに相手投手の調子をみせることにある。自分を実験台にして、投手のお手並みのほどを映し出す。つまりモルモット兼スパイの役割を負っている。

この試合に沿っていえば、先発の西本に何球か投げさせ、ストレートの走り具合とか、シュートの切れ味とかを観察するのが、彼の仕事だったはずだ。一番がそれをやらないと、二番が代役を務めなければならない。仕事がどんどんおせおせになってたまってくると、しまいには、クリーンアップが〝残業〟をかぶる結果になってしまう。相手ピッチャーにとって、こんな楽なことはない。

これに対し、巨人の松本はさすがに与えられた本分をよくわきまえている。2―2までがまんをして、手を出さなかった。それだけでなく、途中、ドラッグバントの構えをみせ、遠藤の投球リズムを狂わせようとした。細かい配慮が、すみずみまで行き届いている。結局、凡打に打ち取られたものの、一番バッターの職責は十分に果たした。

誤解してもらっては困るが、私は一番に打つな、といっているのではない。出塁してもらえればそれに越したことはない。ただ、打ちにいくにしても過程がある。ひとつずつ手順を踏んでからにすべきだ。私はそこをいっている。加藤は試合後、

「負けたのは一番打者が悪かったんですよ」

と、反省の弁を述べているが、単純に打てなかったことを悔いているのなら心得ちがいだ。衆樹の時代ではない。野球をもっと深く読んでほしい。

ちょっと気になったので過去十五年の開幕第一球ストライクを、一番バッターがどう

打ったか調べてみた。すると約八五パーセントが見逃している。この数字は近代野球の普及の度合いと比例していて、最近になればなるほど高くなっている。一番バッターのウオッチャーとしての役割が認識されてきた証拠だろう。

溺れたイヌをたたく気は毛頭ないが、このゲームではこのほかにも大洋にいくつか、気になるところがあった。たとえば八回、大洋はマウンドに五月女を送った。一点差の緊迫したシーンである。

状況から考えてここはリリーフエースの斉藤を出したほうがよかった。実績のない五月女では開幕戦の雰囲気にのまれてしまう。なによりも、斉藤が出てきた場合に比べナインの士気が違う。それに最終回の攻撃は三番のトレーシーからだ。田代、レオンと続く打線は西本に相当の重圧を与えるはずだ。五月女には気の毒だが、この交代で「ゲームの終わり」を感じたのは、われわれ解説者だけではなかったと思う。

それにもうひとつ。巨人がダメ押しの二点を取ったときのことを思い浮かべてもらいたい。二死一、三塁で、西本の浅い右飛をトレーシーと基《もとい》が譲り合って二塁打にした。ライトか、セカンドか、うまくやればこのフライは捕れた。それができなかったのは両者の間に声の連係がなかったか、あっても不十分だったからではないか。

ここで思い出すのはパイレーツの声のかけ方だ。彼らは「オーライ、オーライ」などとあいまいなことはいわない。仮にサードへ投げる必要があるとする。すると、彼らは一斉に「サード、サード、サード」と絶叫する。球の目的地だけを三回、繰り返す。フライを捕球するときも同じだ。繰り返すのは、歓声で自分たちの声がかき消されるのを防ぐ必要からである。細かいようだが、そうした訓練がキチンとできていればダメ押しの二点は防げた。

開幕第一戦というのは、不思議に、そのチームの生《き》のままの姿が現れる。選手の動きひとつにしてもそうだし、監督の采配やキャンプでの鍛え方まで、〝全人格〟が浮き彫りになる。大洋は今年、トレーシーとレオンというA級の強打者を獲得して、打線がいっそう充実した。昨年の首位打者、長崎が下位にいるのをみても、強打線ぶりが分かる。が、打つだけでは勝てない。いい投手にかかると、手のひらを返したように沈黙するのが打線である。

細かい野球を身につけていると、こういうとき助かる。打撃にしても守備にしても、二次的な攻めや守りを何とか工夫できる。しかし、大洋は相変わらずである。伝統といおうか、体質といおうか、十年一日のごとく大味な野球を続けている。

超高層ビルは地震が来ても、揺れを建物の内部に吸収してしまい、揺れはするが倒れない。柳に雪折れなしという格言さながらの柔構造になっている。細かい野球というのはこうしたものだ。巨人と大洋を比較すると、巨人の柳に対し大洋は明らかにカシの木である。太くて一見、強そうに思えるが、もろい。相撲でいえば高見山だろうか。

関根さんは、どちらかというとムード派の監督である。あの柔らかい、女性的とも思える口調でうまく、選手をのせていく。選手を叱るときにも相手を追いつめたりしない。

「野球なんだから、そんなこともあるでしょう」

と、まず、枕にふってから、おっとりと注意にうつる。加藤に対しても、

「顔のシワで野球をしなくちゃダメじゃないか」

と、ひたすら笑顔で臨む。

大洋はみかけによらず気の弱い選手が多いから、これが鬼軍曹の一喝だったら、とたんに萎縮しかねない。その点、大洋はうってつけの人を得た。ただ、ムードというのは、流れに浮かぶうたかたに似て、はかない存在である。そう長続きしたためしがない。選手も、慣れてくると、以前のように酔わなくなる。となると、関根さんのソフトタッチはとたんに光を失う。負けたときの談話が、

「気にならないことはないんですけどね……」

では、あっけらかんとしすぎていて、当事者の発言というより、解説者のそれに近い。他人事のような響きがある。

クジラの中には天敵シャチに出食わすとすくんで動けなくなってしまう気弱なのがいるという。一昨年の大洋は天敵巨人に四勝二十敗と負け越し、「巨人の友」と陰口をたたかれた。初戦をみるかぎり今年の関根クジラはどうも一昨年の気配である。開幕戦はすくんで震えているようにみえた。

（83・4・22）

マーケティングを怠る球団の末路

現役を退いてから野球関係者以外の人たちと会う機会がふえた。大手メーカーの部長さんや中小企業の幹部といった、企業戦争の第一線で指揮をとる人たちがお相手である。話をしていて、こういう人たちの調査好きには驚かされる。市場調査に始まって、競争相手の戦力分析まで、勝つためのノウハウを実に細かく調べている。そして、微に入り細をうがつ度合いが徹底していればいるほど営業成績もいい。どこの世界も、そう簡単に勝たせてはもらえないようだ。調査なくして勝利なしといったところだろう。

巨人が早くも独走の気配をみせている。しかし、私には今のジャイアンツがそれほど強いチームだとは思えない。どこをついても一分のスキもなかったV9の時代に比べれば、投部門が八〇パーセント、打と守りは七〇パーセント程度に落ちている。絶対的な強さがないのに勝つのは相手チームによるところが大きい。毎年、巨人がライバルになるのが分かっているくせに、戦力を分析したり、そのデータをもとに作戦を練ったりすることをしない。していても徹底度が足りない。これでは他業界の人に笑われてしまう。

V9時代との比較でも分かるように、打倒巨人の手がかりはどちらかというと攻撃力の抑止にある。

打の中心は新外国人スミスである。ジョンソン、トマソン、ホワイトと、巨人は王の引退後、四番打者を求めて何人もの外国人を入れた。だが、これまでその任をまっとうした選手はいない。そこへいくとスミスは本物だと思う。長打力、技巧ともに大リーガーの名に恥じないものを持っている。体に一抹の不安を残しているものの、三割、三十本塁打の公約は果たすだろう。

巨人は長い間、打部門の合言葉を持たなかった。今年はそれができた。「スミスの前に走者をためろ」と。これは大きい。味方の打線もそれをはっきり意識している、負けていても合言葉の下に結集してくる。スミスは、いるだけで無形の貢献をしている。

が、だからといってスミスに弱点がないわけではない。神宮でのヤクルト戦をみて彼のストライクゾーンがはっきり分かった。第二戦で宮本が真ん中、高めの直球を二球続けて投じたときスミスは二度とも空振りをした。こういうことはしっかり覚えておかなければならない。

それともうひとつ、ワンバウンドになりそうな低めの球にも手を出した。こちらもおおむね空振りである。ヤクルトは彼に手痛い目に遭ったけれど、同時にウイークポイントも見つけたはずだ。生かさない手はない。

次ページの図を見ていただきたい。私が作ったスミスゾーンの分析結果だ。これは左打席に立ったスミスを捕手の側から見たものだが、右打席も大きな差はない。投手は外角の見逃しゾーンでカウントを稼ぎ、空振りゾーンで勝負に出る。空振りゾーンに投げる球は高めはストレート、低いほうは地面に落ちそうな変化球がいい。ここに投げればボールでも手を出してくる。ただし低めはホームランゾーンと接しているから、コントロールに自信のない投手には勧められない。スミスは剣道でいう「八双」のような雄大な構えを取る。バットの位置はきわめて高い。こう構えられると投手としては高めに投げにくい。けれど、構えに惑わされてはならない。これは高めに弱点のある証拠なのだ。

巨人の打を抑えるもうひとつのポイントは松本である。松本が出塁すると、ジャイアンツベンチは得点する前から一点とったような気になる。盗塁でもしようものなら士気はますます高まる。

気になったので昨年一シーズンの松本の盗塁と巨人の勝敗との相関関係を調べてみた。

キャッチャーから見た
スミスの打撃ゾーン（左打席）

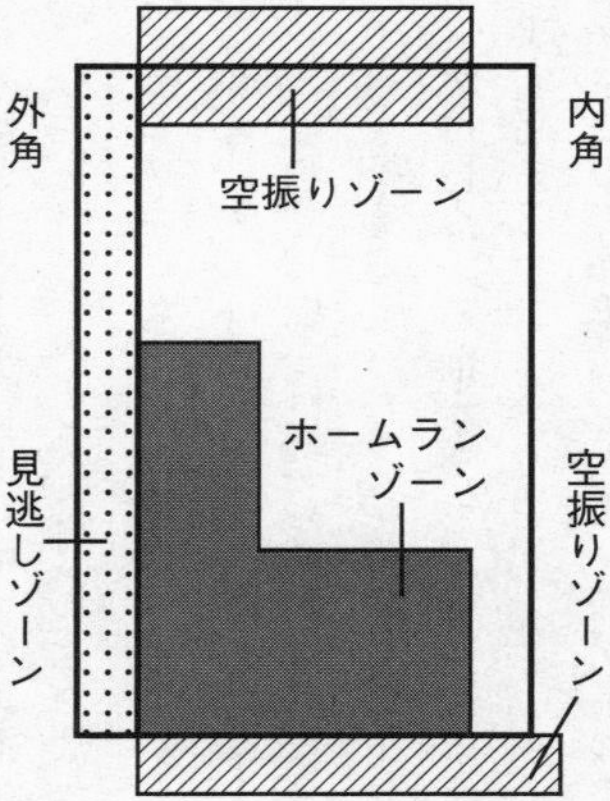

すると、盗塁に成功した場合、巨人は七割五分六厘もの高率で勝利をものにしている。逆に彼の盗塁がないと勝率は四割六分七厘と五割をだいぶ下回る。したがって、いかに盗塁を阻止するかが課題だが、残念なことにセ・リーグには牽制にたけた投手が少ない。いるにはいるがみんな巨人の投手である。となると残された方法はひとつ、彼を塁に出さないことである。

幸い、松本は一流の打者ではない。内角に苦手意識を持っていて、たいがい振り遅れる。うまくたたいてもバットのヘッドが回らないから振り遅れのファウルになるケースが多い。カウントをそこで整えておいて変化球で勝負すれば、まず料理できる。まだまだ福本の域には達していない。

それに、彼は一番打者の「観察」という使命を心得ているから初球ストライクに手を出すことはまれだ。職務に忠実な点を逆に利用すれば、投手は一層、攻めやすい。

巨人は松本の足を高く評価していて、勤務評定にあたる考課表には「四球もヒットと同様に扱う」という取り決めがあるらしい。

そこで提案だが、反対に松本の出塁を抑えた投手や、盗塁を阻止した捕手に特段の査定をする、というのはどうだろう。私が監督だったらポケットマネーをはたいても実行したい。

残る要注意打者は篠塚である。彼は張本ばりの広角打法を身につけている。各球団ともその攻め方に泣かされてきた。しかし、篠塚には隠れた悪癖がある。内角にくるとボールであろうとかまわず手を出してくる。醜女の深情けに似て、ここの球には目がない。選球眼もくもる。だから、内角にボール一つか二つはずれる球を投げればひっかかって凡打に打ち取れる可能性が高い。

巨人打線はほかにもマークしたほうがいい打者はいるにはいるが、あとは原にしても、今売り出し中の駒田にしてもアナの目立つ打者だ。原にいたっては後にスミスという大物が控え、気が楽になったはずなのに相変わらずのバッティングしかしていない。内角に意識を集中させておいて外へ逃げるカーブかスライダーを投げれば十中八、九は打ち取れる。甘いストレートだけ気をつければすむ。その証拠に昨年、牛島に七打数無安打、斉藤に十三打数、音無しだった。好投手は原を恐れていない。

投、攻、守の中で群を抜いているのが投手陣である。江川、西本、定岡の先発、中継ぎの加藤、浅野の顔ぶれに新しく槙原が加わった。阪神を完封した槙原の直球はひょっとすると江川より威力があるかもしれない。ローテーションの谷間が槙原でうまれば、質量ともに両リーグ一だろう。ところが、ここにもウイークポイントはある。角の不調である。角は一昨年、八勝五敗二〇セーブをあげて優勝に貢献した。それが去年は二勝三敗九セーブと思わしくなかった。中日に油あげをさらわれたのも、私は角の不調が大きかったとみている。一昨年の角を十とすれば今年の角は七程度だろう。直球、カーブとも並の投手のそれになってしまった。ヤクルト戦にも登板したが、ヨロヨロして、昔日のおもかげはなかった。藤田監督も「リリーフの切り札」として使うにはためらいがあると思う。

となると、巨人はゲームの後半に決め手を欠く。今のように完投ペースの続いているときはいいが、投手陣に疲れの出る夏場には強力なストッパーがほしい。この影響は必ず出てくる。

江川と槙原は力で押してくるタイプだからひとまずおくとして、コントロールを身上とする西本と定岡に関しては投球にはっきりと「山倉色」があらわれる。だから山倉を調べることは、両投手を崩すカギを得るのと同じである。

まず西本について。

走者のいないときは意外にシュートを投げない。西本というと得意のシュートを多投するように連想しがちだが、それはピンチのときの話だ。右打者には外角の直球とカーブ、左打者には内角直球と外のカーブという組み合わせが多い。とくに左打者に対しての内側のストレートはベースをなめるようにストライクゾーンを通過する。そう威力はないがコースがいいから打者にとっては手を出しにくい。つい、見逃してしまう。するとと今度は手を変えて外にくる。ベースの幅を目いっぱい使うテクニックは「一流」の名に値する。

ただし、山倉はこの内角直球にそれほど信用を置いていない。その証拠にピンチや、カウントが不利なときにはほとんど投げさせない。初球とか、ストライクが先行しているときが圧倒的だ。左打者としてはいつ、どんなときにこの内角直球がくるのか頭にたたきこんでおけば西本攻略の大きな力になる。

定岡に対しても山倉は似たリードをする。違うところは左打者の内角を直球の代わりにスライダーでついてくることぐらいだろう。

もうひとつ、山倉には面白い傾向がある。変化球をヒットされると、その打者の次打席の初球も同じ球を要求する。こういうときは、打たれた球以外のボールで入るのがふつうなのだが、彼は逆をくる。裏をかいたつもりなのだ。もちろん例外もあるが、この確率はかなり高い。打者はそれを頭に刻んで打席に立てば、がぜん有利となる。

——以上が今年のジャイアンツの泣きどころやクセである。泣きどころというと、真っ先に弁慶を思い浮かべてしまうが、私は巨人を弁慶とはみていない。むしろ、相手チームの無為無策が勝手に弁慶にしてしまっているのだと思う。

巨人打線の欠点にしても、バッテリーがちょっと注意しさえすれば、なんとかできる。王、長嶋だったらこうはいかない。あそこもここも、その先もといった具合に全部、注意がいった。それに比べれば楽なものではないか。

巨人には昔から相手をのみこんでしまうような雰囲気がある。ユニホームも強そうに映る。「V9頭脳」といわれた牧野コーチが動くと、ついなにかやるのでは、といらぬ心配もする。ところが、実際には巨人の野球はオーソドックスそのものであって、なんら奇抜なところはない。

送るときはハンで押したようにバントでくる。サインプレーもごく常識的だ。ピッチドアウトも見たことがない。攻守ともに冒険のない「定石野球」である。

他チームの首脳陣はこうした点を選手にジュンジュンといい聞かせてほしい。ただ、注意しなければいけないのはその言い方だ。単純に「ガンバっていこう」とか、「外角を狙って」などというのはいけない。具体的なデータを示して、状況に応じた指示を与えることが大切だろう。パーツをひとつひとつ検討していけば、恐れるに足りないその実体が意外に早く分かるはずだ。

それにしても、今週は自分がスパイでも演じているようで、あまりいい気分ではない。自分でいうのもなんだが、もしサラリーマンになっていたら腕のいい調査マンになれたような気がする。もっとも途中で藤田監督の苦い表情が浮かんできたので、企業秘密の漏洩は最小限になってしまった。私は調査マンになれても野村レフチェンコには、なれそうにない。

（83・4・29）

スパイ野球を持ち込んだ知将

ダラダラした長時間ゲームがふえている。いい加減にしろ、といいたくなるような試合がある。その元凶が乱数表である。乱数表というと、すぐスパイ小説が頭に浮かぶ。007や寒い国から来た諜報員たちが暗号解読にこの表を使っていた。

本物はさぞ複雑なのだろうが、現在、各チームで使っているのは、タテ、ヨコ五列ずつ、二十五の数字を組み合わせたものだ。この表が、バッテリー間のサインの基本になる。サインを出すときあらかじめタテの列が先、ヨコの列が後というふうに決めておく。たとえばキャッチャーが指で①④と出した場合、要求しているボールは両方の数字が大きく交差するカーブ、ということになる。よく、ピッチャーがグラブの親指あたりをしきりにみやっているシーンを見かける。あれは手元の表を確認しているのだ。

セ・リーグ審判部が調べたデータでは、一球投げるまでの所要時間は昨年が平均十三秒、今年が十七秒だった。この差四秒は大きい。両チームの一試合の投球数を二百五十とすると、これだけで、十六、七分は余計かかる。ちなみに高校野球は七、八秒ですんでいる。プロがいかにサインの交換に手間取っているか、お分かりいただけたと思う。

もっとも、理由がないわけではない。こうでもしないと相手チームのスパイにサインをのぞかれてしまう。打者にとって、事前に次の球の球種が分かれば、こんな楽なことはない。かなりの確率ではじき返すことができる。乱数表を使えば、仮にキャッチャーの指サインが盗まれても原本の表を入手しない限り、すぐには配球をつかめない。乱数表のオンパレードはだから、のぞき防止の自衛策といえる。裏返せばそれだけ「のぞき」がさかんな証拠でもある。

私が南海でプレーしていたころのパ・リーグはスパイ野球が花盛りだった。とくに阪急はその手口が巧妙で、私たちは「西宮にいくときは気をつけろ」を合言葉にした。スタンドには場内整理員がいるが、阪急は他球団に顔を知られていない裏方さんに整理員のはおる黄色いうわっぱりを着せ、センター後方の外野席に立たせた。もう一人、相棒がいて、こちらはスコアボードの中に隠れて双眼鏡でキャッチャーのサインを盗み見る。「カーブ」と分かると、無線でうわっぱり氏に知らせる。うわっぱり氏はすかさず人間信号機となって、この情報を打者に伝達する。

伝達の方法はいろいろあったらしい。後に南海にトレードされた阪急の某選手によると、カーブのときはスコアボード寄りに二、三歩動く。シュートはこの逆。どちらかよく分からない場合は足を組む、といった具合だった、という。裏方さんの顔が割れそうになると、こんどは球団職員の息子を使ったり、アベックを利用したり、とにかくその執拗さには舌を巻いた。南海の監督だったとき、スパイ問題で監督会議が非常招集された。席上、私は、

「スパイを自粛しよう」

と提案したが、当時、阪急を率いていた西本さんから、すかさず、

「ノム、お前んとこがいちばん、やってるやないか」

とやられた。私も、

「あんたんとこがやってるからですよ」

と切り返したが、結局、会議は得るところなく終わった。

この発言でも分かるように、何を隠そう私もスパイ作戦の指揮をとっていた。捕手は考えるのが仕事である。打者の心理を読み、自軍投手の調子を測り、知恵をしぼって配球を組み立てる。それがたったひとつの双眼鏡で徒労に終わるかと思うとくやしくて眠れなかった。監督になったら、いつか仕返しをしてやろう、と思っていた。スパイの話

を書いていると、今でも、頭に血がのぼるのが分かって、なんだか気恥ずかしい。

もっとも南海の「のぞき」はあまりうまくいかなかった。双眼鏡が安物だったせいか、間違いがけっこうあった。天才的な打者だった広瀬のときには、どういうわけか、ハズレが多く、彼は、

「ワシのときだけ間違うやないか」

といった風情で、そのつどベンチをにらみつける。なにもベンチの責任ではないのだが、当方としては、それよりもベンチをにらみつけることによって相手にスパイ行為が見破られてしまうのではないかとハラハラした。

広瀬は結局、スパイ情報をバッティングに生かしきれなかった。また間違うんじゃないかと、いつも疑いを抱いてバッターボックスに入っていたから集中力を欠いた。彼のような天才肌の打者にとっては、自分のカンこそ最大の決め手だったのだろう。

以上のようにわがチームの諜報網はいろんなところにほころびがあった。そこで私は一考をめぐらした。選手たちに、他チームの選手にスパイのことを聞かれたら、さりげなく、しぶしぶと、そして口ごもりつつ「ウン、やってる」といわせるようにした。つまり、ささやき戦術に出たのである。すると、相手チームは必要以上に南海を警戒する。バッテリー間のサインもすごく複雑なものに変えてくる。難しすぎてサイン違いが起き

る。パスボールでもしようものならしめたものだ。金《かね》やんがロッテの監督のときにはわざと人目につくようにのぞかせた。ロッテの二軍選手が血相を変えて外野席に飛んでくる。金《かね》やんは、

「ノーサインでほうれ」

とベンチでカッカしている。実際にスパイはしていないのだが、これだけで相手を攪乱する効果があった。

日本にスパイ野球を持ちこんだのは三原さんといわれている。史上最強といわれた西鉄の黄金時代にすでに外野から「のぞき」をしていたと、当時の選手から聞かされてビックリした。全員がそのデータを活用していたわけではないらしいが、粒よりの選手ばかりだったから、仮にそれが判明したとしても、あの選手に限って、とだれも信用しなかったに違いない。それに昭和三十年代の近代野球の草創期に、だれがスパイなどを考えつくだろうか。

三原さんにはぞっとするような先見性がある。ヤクルトの監督時代には相手方のベンチに盗聴器を仕掛けていたという。三原さんはいつもベンチで補聴器のようなものを耳にしていた。選手はみんなラジオ中継でも聞いているんだなと思っていた。あるとき、なにかの加減でそれが置きっ放しになっていた。選手の一人がイヤホンを耳に当てたと

ころ、相手の声が流れてきたという。ウソのような本当の話である。

行く先々で三原さんはスパイ術の足跡を残した。魔術を表芸とすればスパイは陰の流れだった。弟子たちも当然、それを学んだ。私も孫弟子ぐらいにあたるかもしれない。もっともそれを防ぐ乱数表の生みの親が彼だったとは、世の中ずいぶん皮肉にできている。

野球に関するあらゆる技術がそうであるように、スパイ行為もアメリカが本場である。三原さんも大リーグを研究していて、気がついたのだと思う。大リーグ通の八木一郎さんにこの話を聞く機会があった。八木さんはセ・リーグ事務局の企画部長を務めた人だ。八木さんによると、昔は大リーグのスパイも牧歌的だったようだ。たとえばインディアンスのスパイは外野フェンスから足を出してブラブラさせる。両足には赤と白のクツ下をちぐはぐにはいて、カーブだと左足の赤を動かす。まるで手旗信号ならぬ足旗信号である。それが今ではずっと進んでハンディトーキーを使うようになった。七年前のヤンキース対レッズのワールドシリーズは別名ハンディトーキー・シリーズと呼ばれ、スタンドのスパイとベンチがさかんに交信したという。ウォーターゲートのお国柄だけあって、盗聴器のウワサもしょっちゅう飛び出すそうだ。あちらは球団と球場が同じ会社だし、そこの職員たちは熱狂的なファンばかりだというから、どんなスパイ行為が行われているか見当もつかない。八木さんはそういっていた。

現役を退いたからいうのではないが、スパイ野球をやると、人を疑ってかかる悪いクセがついていけない。どうしても根クラ的ムードに陥りがちだ。

南海は近鉄の神部《かんべ》の牽制に再三泣かされた。なんとか牽制の動作を解剖できないかと思い、ビデオに収め、何度となく巻き戻しをし、ようやく小さなクセを見つけた。選手に徹底をはかり、実際のゲームでこれを活用したところ、ものの見事に当たり、神部の牽制を恐れずにすんだ。ところが、次の対戦で神部はそのクセを完全に直してしまった。元の木阿弥である。私には「内通者」の心当たりがあった。その男はヤケに近鉄の選手と親しかったし、不審な行動も目にしている。けれど、ついに確証は得られなかった。私は鉛を飲んだような重い気分の夜を幾晩も過ごさなければならなかった。

セ・リーグはつい先日、各球団に乱数表使用の自粛を申し入れた。しかし、効果のほどは疑問だ。だってそうではないか。乱数表ブームの背景にはスパイ戦がある。根源を絶とうとしないで表面だけとりつくろおうとしてもしょせん、糠《ぬか》に釘ではないか。それよりもコミッショナー権限でスパイ活動禁止の細かい罰則を定め、もし発覚したら監督を処分するという制度を設けたらいい。こういう議論になると、決まって出てくるのが、「監視はだれが、どうやるのか」といった、水をさすような質問だが、連盟の腕章をした職員が外野を見回るだけだって効き目はある。いくらスパイ中毒の監督だって罰則をかいくぐってまでやりはしない。

それにしても、最近の若い選手たちは仲がいい。他球団の人間とも平気で飲みに出かける。オフともなれば連れ立ってゴルフにいく。昔は他チームの連中がいるバーは避けて通った。足音を忍ばせてそっと遠ざかったものだ。友だちになってしまうと、どうしても闘争心が鈍る。

それにもうひとつ、あらぬ嫌疑をかけられてもつまらない。友だち付き合いひとつにしてもプロとしてのそんな気配りがあった。今の若い人たちの付き合い方を見ていると、フランクでうらやましいなと思う半面、人当たりのいい優秀なスパイ選手がいたら、乱数表が何枚あっても足りないんじゃないか、と考え込んでしまう。

プロにあっては、「仲良きことは美しき哉」という言葉はあてはまらない。むしろ「仲悪しきこと」こそ美しい。だからといって経験者特有の人間不信症候群が、まだ治っていないなんていわないでほしい。

（83・5・6）

息長く一流でいるコツ

勝負事というのはよくよくその人の性格を映し出す。麻雀ひとつにしてもそうだ。たとえば江夏の麻雀はピッチングさながらに、読みに読んだ手を打つ。彼がリーチをかけたときは気をつけなければならない。単純な待ちではない。安全牌と思っているようなのがむしろ危ない。あの手この手でひっかけてくる。

そこへいくと中日の小松の麻雀は素直なものらしい。テンパれば、どんな危険な場でも降りようとしない。それにすぐリーチとくる。ツキを信じてひた押しに押す。こういう打ち方はついているときはいいが、負けだすと転げ落ちるのも早い。

その小松が四月二十六日の巨人戦で素晴らしい投球をした。カーブ、スライダーでカウントを稼ぎ、ズバッと直球できめる。久しぶりに速球派の醍醐味を味わわせてもらった。初回、スミスに対し、スリーボールとなったあと、三球連続してスピードボールを投げ、三振に打ち取ったあたりは「お見事」の一語につきる。

この試合、小松は投げるのが楽しくてしようがなかったそうだ。味方の攻撃が長く感じられ、待ちきれないほどだった。捕手のサインを見て、違う球種のほうがいいかなと、何度か思ったが、とうとう一度も首を横に振らなかった。小松はいう。

「リズムを崩すのがイヤだったんで、バンバンいった」

わずかな間でさえ待つのがもどかしかったのだ。麻雀でいえばリーチ一発ツモの連続といったところだろう。乗りに乗っていた。こういうときの小松はとても手に負えない。

足が速いとか速い球を投げられる、というのは神のみぞ知る分野の話である。いくら練習に励んでも天賦の才のある人間にはとてもかなわない。星稜高時代の小松を一目見たとき、「これは」と、私は思った。何年に一度の逸材だと感じた。会社（南海）に将来性を進言したりもしたが、事情があってこちらが先にお払い箱になってしまった。

そのころだったろうか。私は江夏に小松の印象を聞いたことがある。すると江夏は即座に、

「ワシの若いときはあんなもんじゃなかったよ」

とニベもない返事をしてよこした。投手のなかでも速球派の連中は速球派だけしか眼中にない。ときにそれは嫉妬に発展したりもする。まさか、江夏が小松をねたんだりは

しまいが、おもしろいなと思ったのは、小松との話が巨人の槙原に及んだときだ。小松は「確かに、速いですね」といったあと、しばらくおいて、

「でも、ボクもあの年のころは一五四キロは出ましたからね」

と、付け加えた。小松のプライドを、そこに感じるのは私だけではあるまい。

投手には三段階の成長過程がある。第一段階がひたすらキャッチャーのミットを目がけて投げる時代。まだ、技もへったくれもない。次いでコントロールを主眼におく第二段階。コントロール重視というと、つい小手先で投げるボールを連想しがちだが、それは違う。ここでいうのは思い切った球をコーナーに投げ分けられる技術のことを指している。そして最後が打者の心理を読んだ投球術である。ここまでくれば免許皆伝といっていい。球界広しといえども、今、この域に達しているのは江夏と山田しかいない。

小松は残念ながらまだ、第一段階が終了したか、第二段階の入り口といったところである。巨人戦のあと、小松は報道陣に「たまたまですよ」と強調していたが、あれはウソも隠れもない、本音だと思う。

さっき、スミスへの投球を見事とほめた。細かく分析すると三球目まではカーブないしはスライダーである。小松はほかの打者の場合と同様、これでカウントを整えようとした。整えたところで速球で仕留める腹づもりだったと思われる。それがみんなはずれ

た。苦しくなってストレートを力まかせにほうったところ、これが功を奏した。スミスの頭には前三つの緩球の印象が残っているから、あとの三球が余計に生きたのである。これを意識的にできればすでに第三段階なのだが、そこはプロの世界、そうは問屋が卸さない。

あまりコントロールにこだわらないのが速球派の常である。おおまかに投げていても打者のほうがスピードに幻惑されて振ってくれる。それにスピードボールに対する自信がなかなか、その道を歩ませようとしない。いい例が阪急にいた山口高志だ。昭和五十年の日本シリーズでは直球一本で上り坂の広島打線をねじ伏せた。久しぶりの豪腕投手だった。けれど山口は地肩の強さだけで投げていたから、力が衰えると別人のように打たれた。とうとう階段を上ることなく現役を退いた。

同じ速球派ながら小松は山口タイプではないようだ。槙原にライバル意識を抱く半面、江川に強い興味を持っている。

「スピードでは江川さんに負けないのに、成績がこんなに違うのはコントロールの差でしょう。それに頭かな。オレ、頭、悪いからな。見習うことばかりですよ」

と彼から聞かされたとき、この男は階段を上っていくかもしれないな、と思った。まだ、芽吹いてはいないが、心のどこかに上級技術を志向する核を宿している。

蛇足だが、小松は江川が建設中の一戸建て住宅にえらくひかれたらしい。

「江川さんは生活設計もしっかりしている」

と、しきりに讃辞を口にした。ひょっとすると、この若者は一戸建て住宅をテコに新しい世界を切り開くかもしれない。それにしても敵役、江川もひょんなところで現代っ子にもてたものだ。

投球術というのは魔法の泉に似ている。肉体には衰えが必須だが、こちらには限界がない。汲めどもつきない。ただ、厄介なことがひとつある。大方の投手は力のある、まだ若い時分にはせせら笑って見向きもしない。下り坂にさしかかって、あわてて付き合い始める。必要は発明の母のたとえどおりである。いくらこの道に限界がないといってもこれでは遅い。

私の知るこの分野での権威は稲尾と江夏の二人だ。二人とも速球派でありながら、相手の心理を読みとったり、作戦の裏をかくのが大好きだった。とくに稲尾は考えるタイプの打者が立つと、読み合いを楽しんでいた。しかも、それが晩年になってからではなく若いときからである。彼らが息長くプロでやってこれた秘訣がここにある。

さて、話を小松にもどす。

小松は江川より速い球を持っているのに、たいした成績を残していない。いつもその日の調子次第、風まかせで投げているからだ。案の定、巨人戦のあとのヤクルト戦ではピリッとしなかった。好調が二試合と続かない。少しでも江川に近づきたいのなら、いい時のフォームや指先の感覚、といったこまかな点を日記でもつけるような気持ちで、しっかり頭にたたきこんでおくことだ。

よく練習で二、三百球ほうって、誇らしげにあがってくる投手に出会う。捕手も、万歩計よろしく一球ごとに数えていて、「二百球だ、ＯＫ」なんていっている。これでは捕手は壁、投手はピッチングマシンに過ぎなくなる。投球練習にケチをつける気は毛頭ないが、ただ数をこなしているだけでは効果は半減する。テーマを持って投げなければ意味がない。

テーマに沿ったボールが投げられたとき、その感覚を脳裏に刻みつける。記憶が財産になる。単純にロボットのように投げ続けるだけでは制球力はつかない。小松の場合、外角の速球を、いつでも同じところに投げられるようになったら怖いものなしだと思う。ときどき見せるションベンフォークなんてやめたほうがいい。

外角球はギリギリまで指先にボールをかけていなければならない。腰も十分ひねる必要がある。つまり、体にとってはいちばんつらい。このボールを自在に扱えれば、自然に他のコースも余裕をもって投げられる。彼は今シーズンの目標を「十五勝」といったが、外角球をマスターしたときにはコンスタントに二十勝してもおかしくない。言い換えれば中日優勝の線もひとえに、そのあたりにかかっている。

しかし、気になることがひとつある。彼は右ヒジと右足に古傷を持っている、ヒジのほうは完治したようだが足にはまだ不安が残るらしい。そのせいか、登板日は足腰をテープでぐるぐる巻きにして出てくる。チームの先輩谷沢が足を故障して以来続けている「日本酒療法」も実行している。聞きなれない療法だが、日本酒を体中に塗りまくるのだそうだ。これを一日、三回繰り返す。私が気になるといったのはこれから先である。それほど、故障を気にしているのにシーズンオフはゴルフ三昧だと聞いた。そんなヒマがあるのなら、なぜオーバーホールしないのか。

ゴルフはいつだってできるではないか。小松はこれまで一シーズンまともに過ごした経験がない。いつもケガがつきまとう。そのくせ、管理野球はプロのやることではない、と嫌う。小松にいいたい。早く頑丈な体をつくれ。一シーズン、フルに投げ通せる快腕を見せてほしい。そうなればほうっておいても不動産屋と銀行が向こうからやってくる。金蔵だって建つだろう。

（83・5・13）

「ナンバー2」という生き方

阪神の藤田平は、動作になんとなく覇気が感じられない。いつもうつむき加減でバッターボックスにはいる。三振しても凡打になっても、そうくやしがるふうもない。バットをたたきつけてファイトをむき出しにする中畑あたりと比べると陰と陽の差がはなはだしい。

藤田が昔の南海に入団していたら、手ひどい鉄拳制裁を受けたことだろう。私もよくやられた。デレデレしている。ファイトがない……。当方としては一生懸命なのだが、ハタから、そうは見えない。私はよく、「この大名野郎」なんて怒鳴られた。言葉と同時にゲンコツが飛んできた。こういう性分はプロではずいぶん、損をする。

彼が入団した年だったろうか。阪神とのオープン戦で初めて出会った。当時の藤田は「高校球界の生んだ天才打者」として騒がれていた。といっても、こちらは「ヒヨッ子じゃないか」とタカをくっていた。それに南海の投手は杉浦である。打たれるなんて思いもよらない。自信を持ってカーブを要求した。十八、九ではプロの変化球についていけないのがふつうだ。ところが、バットが一閃すると、打球はライトスタンドに突きささった。杉浦のしぶい顔ったらなかった。

以来、十八年間、この男は毎シーズン、打撃ベストテンに顔を出す。なのにスポーツ紙の一面で藤田の名が躍っているのを見た記憶がほとんどない。地味な性格がやはり、響いている。西武に移籍したとき、私は古沢（元阪神）から、久しぶりに藤田の名を聞いた。確か、練習一般についての話をしていたときだった。話が横道にそれて藤田に及んだ。

「ああいう天才は練習なんかせんのやろ」

と尋ねると、古沢は、

「あいつはどんなに遅く帰っても、バット振らんということない。感心なやつですわ」

と、意外な返事だった。藤田は今どき珍しい古風な選手である。

それまで知らなかったのだが、虎風荘（阪神の合宿）時代は「いかずの藤田」と、チームメートの間で有名だったそうだ。若い時分は、仲間や先輩から誘われて夜の街にくり出す機会が多い。藤田もよく声をかけられた。しかし、彼はそのつど断った。そして、みんなのいない間にひたすらバットを振った。

「付き合いの悪いやっちゃ」

とか、

「お前のおかげでワイは首やな」

などと、ずいぶん、嫌みをいわれたらしい。日ごろ、付き合いをよくしておけばこんな仕打ちに遭わなくてすむ。これはどの社会でも同じだろう。もっとも最近は、なにごとにつけても付き合い優先の選手が多い。うっかりすると球界が競争社会であることを忘れてしまうほどだ。藤田が「古風」に映る背景に、そうした選手気質の変化がある。

藤田は自分への風当たりを柳に風といった調子でやりすごした。男の嫉妬ほど怖いものはないのだが、彼はそれを肩すかしにする術を心得ていた。デレデレしているように見えて、案外、生き方の上手な選手なのかもしれない。合宿を出てからも人知れず練習を続けた。

夜、家の前で素振りをしていて人の気配がすると、さっと引っ込んでしまう。阪神担当のスポーツ紙記者たちがその様子を目撃している。目撃したうえで家を訪ね、「練習熱心ですね」などといっても、「なんのこと」と、最後までとぼけとおす。記者たちは苦笑しつつ、ひそかに「二重人格」というあだ名をつけた。藤田にとって、このあだ名、なかなか名誉なことではあるまいか。

外角は左に流し、内角はひっぱる。典型的な広角打法を身につけている。彼だけは、私でも、どうリードしていいか分からない。どこに投げても打たれそうな気がする。それに、彼は鉄仮面をかぶっているようで、感情が表に出ない。オールスター戦で、ささやき戦術を試みたが、「ウン」とも「スー」とも反応がない。まったく無視された覚えがある。

「鉄仮面」といえば藤田のお師匠さんは当時阪神にいた藤井栄治だと聞いた。藤井もちょっと目には、ヤル気があるのかないのか分からない選手だった。外野フライをけだるそうに片手で捕った。無口で、やはり「鉄仮面」といわれた。

藤田はこの初代鉄仮面から、

「プロの世界は待っていても、だれも教えてくれないぞ。うまくなりたきゃ、人から盗め」

と教えられた。一年生としては教えをたれた御当人を見習うのが手っ取り早い。もともと性格も似ていたのだろう。入りたての藤田はまず、藤井の真似をした。バットも藤井の使っていた握りの細いのに変えた。

えてして器用なバッターは勝負にもろい。どこでも打てると過信しているから、ストライクゾーンにくれば、難しいボールでも、つい手を出す。巧打者といえどもギリギリのコースにきた球を、そう、うまくヒットにできるものではない。自然、凡打が多くなる。藤田も一時、「ポップフライの平」と、からかわれた。チャンスにいとも簡単に打ちあげてしまうからである。まさか、師匠譲りではあるまいが、藤井にもそんな一面があった。

バッターは三割を打って一人前といわれる。藤田は入団早々、好成績を残した。が、三割の壁をなかなか破れなかった。九年目の昭和四十九年、初めて三割二厘を打った。そのシーズン、彼はバットを立てるそれまでの構えから、寝かせてかつぐスタイルへと変えた。これは大洋にいたシピン（後に巨人）のフォームをヒントにした。藤田は師の教えを忠実に守り通した。試合前、相手球団の練習などロクに観察しない手合いが多い昨今、この男はベンチの隅でいつも、じっと目を凝らしていた。同じ大洋の近藤和彦も観察の対象にした。同タイプの巧打者はみんな目をつけられていた。

「天才の二文字でオレを片づけないでくれ」と、藤田はよくいうらしい。つまり、努力を見落としてもらっては困る、というのだろう。寡黙な彼にしてはずいぶん思い切ったことをいう。それだけに、最大級の自己主張がうかがえるというものだ。なるほど藤田の隠れた努力は認めよう。しかし、素振りぐらいのことなら藤田の倍も続けている打者が何人もいる。それでいてまだ一軍半なのである。素振りと、ちょっとしたフォームの変更で三割が打てるのなら、こうした連中はとっくに一軍にいる。だから、本人には迷惑でも藤田にはヒット打ちの「天才」の二字をあてたい。そうしなければ一軍半の努力家たちの立つ瀬がないではないか。

阪神というと、伝統的にお家騒動で名高い。スター選手と首脳陣がしばしば対立する。そのせいもあってか、藤田が入団してこれまでに延べ十人の監督が出たり入ったりしている。監督が代わればバッティングコーチも代わる。そのつど、異なった理論で選手たちを指導にかかる。藤田はそういうとき、「ハイ、ハイ」と黙って聞いている。聞きながらついでにコーチの力量をも測っている。しかし、そんなことはおくびにも出さない。あくまでマイペース。打法同様、身の処し方にもソツがない。

それに彼の地味な性格が幸いしたのかもしれない。江夏、田淵時代はその陰に隠れ、掛布が台頭してきても先輩風を吹かすでもない。すっと脇に身を引く。オレが、オレが、といったところがない。ハナから降りてしまう。派閥抗争華やかなときも、こうした人間にはお呼びがかからない。そうこうするうちに派閥の大将が倒れている。上がいなくなっても、上昇志向は露ほどもない。元どおり、「ナンバー2」の座についている。実にうまい。バッティング同様、見えないところで、人生についての特訓でもしているのだろうか。

酒にまぎらすか、カラオケでも歌って気を晴らすか。スランプに陥ったときの選手たちの気分転換法といえばおおむねこの二つである。しかし、藤田はパッと発散するタイプではないから、なかなか手がかかると思う。そう思いつつ藤田に聞いたところ、五十四年、大腿部断裂でシーズンを棒にふったころは、奥さんが丹精して育てていた鉢植えを切り刻んだ、という。すさまじいイライラ解消法があったものだ。私など、山の神の怒りを考えてしまって、とてもそんな大胆なことはできない。本当は激しい気性なんだろう。これからは藤田を「ファイター」と呼ぶように改めたい。

（83・5・20）

「捕手」ではなく、足りないところを補う「補手」へ

ホノルル市長が、「太った職員をクビにする」との命令を出したそうだ。自分の体重ひとつコントロールできない人間に仕事をまかせられない、との理由からである。肥満を嫌う傾向はとくにアメリカ人に強いらしい。

去年まで南海の監督だったブレイザーがやはりそうだった。一〇四キロの香川を見るなり、顔をしかめて「九〇キロ台に落とせ」といい渡した。いっただけでは気がすまないらしく、毎週、トレーナーに香川の体重を報告させた。そして増えていれば一万円也の罰金を徴収した。とにかく徹底している。香川がどのくらい罰金を払ったのか知らないが、体重グラフのほうは曲折をへて、なんとか九五キロまで下がり、香川は勇んで報告にいった。するとブレイザーは、

「安心してはいけない。こんどは九〇キロにしなさい」

と冷たくいい渡した。ほめ言葉を期待していたドカベンはさぞ面白くなかったことだろう。

もっとも、彼が本気で減量に取り組んでいたかどうかは疑問だ。キャンプ中、香川の部屋には缶ジュースやシュークリームが絶えなかった。コーチが急襲してそのつど、取り上げた、と聞いている。彼はそんなとき、テレ笑いで隠してはいるが悲しそうな顔をするらしい。

つい先日、テレビ朝日の対談の仕事で香川に会う機会があったので、さっそく体重のことを聞いてみた。すると彼は、

「今、九四キロです。動くのに苦しいこともないし、ベストです」

といった。それなら今のままでもいいのではないか。確かに俊足の島田誠（日ハム）あたりに比べると足は遅い。島田はベース一周十四秒足らずで走るが、香川は十六秒もかかる。しかし思うほど鈍足ではない。それに、彼の三塁打のフィルムを見たが、三塁ベース上で息を切らしている様子はなかった。ふつう、肥満体の人があれだけの距離を走ると、顔をあげていられないほど苦しむはずだ。

小学校時代から彼の体形は変わっていないというから、体に合わせて筋肉や肺も丈夫にできているのかもしれない。

「ベストです」

と香川がいいきるのも、あながちウソではないと思う。

脇を開けてバットを右肩の前あたりでしごく構えはなかなか雄大で、ロッテの落合を思わせる。構えもいいが、スイングはもっといい。水平にバットが出る。遠まわりせず、球にまっすぐ向かっていく。バッティングの素質はかなりのものがあるといえる。だが、今のままでは遅かれ早かれ壁にぶつかる。気になったので、パ・リーグの某球団のスコアラーにこっそり、ドカベンのデータを聞いてみた。すると、案の定、打球の大半がセンターからライト方向である。強打者の指標になる左翼線ぎわの強烈なあたりがない。

これはどういうことか。

要するに太りすぎで腰のキレが悪いために、内角に来ると打球が左へ飛ばないのだ。飛んでもボテボテのゴロか、平凡な左飛にしかならない。外角の球を打つうまさには舌を巻くが、外角一本では好成績は残せまい。構えが似ている落合の打球も右方向が多いが、彼の場合は打つポイントがキャッチャーに近いところにあるからで、ドカベンのケースとは性格が全然違う。

弱点が知れ渡ってきたせいか、このところ各投手の内角攻めが目立つ。内角が弱い打者にとってこれほど嫌なことはない。内側ばかりに意識が集まると、それが気になって、こんどは外側も打てなくなる。香川の打率が下降線なのは、そのへんに原因がある。

あのスタイルを見て昔からの野球ファンは中西太さんを思い出すのではないか。中西さんは体重をいったん右足に乗せて、バットを振り出すと同時に左足に体重を移す。体重移動の大きい打者だった。この打法だと、内角を打ちこなすためには腰のキレを鋭くしなければならない。ドカベンはやはり、やせる必要がある。

しかし、よくしたもので打法にもさまざまあって、おなかをへっこまさなくても内角を克服するやり方が一つだけある。シュート打ちの名人といわれた山内さんの打法をまねることだ。山内さんは右足に体重を残したまま、そこを回転軸にして、クルッとバットを振る。これなら太めのウエストもそう気にしなくていい。ただ、香川にそんな器用な芸当ができるかどうか。

それに、ちょっとひっかかったことがある。私が「どんな打者になりたい」と聞いたとき、香川は「勝負強い打者です」と、いかにも優等生的な答え方をした。「勝負強い打者」というのは通常、六番打者のキャッチフレーズだ。私としては「そりゃ、やっぱり四番ですわ」といったイキのいい返事を期待していたのだが、これにはいささか、ガッカリした。もしかすると、この男は若さに似ず、自分のことをよく知っているのかもしれない。自己を知るのはいいことだが、香川の口調には、「どうせ、オレはこの程度さ」と、あらかじめ自分の能力を限定してしまっているような響きがあった。

前にもいったとおり、打者としての素質は十分にあるのだから、天真爛漫《らんまん》なイメージどおり、もっと景気よくブチ上げてもらいたい。

打撃に比べ、守備面の課題はたくさんある。まず第一に肩が弱すぎる。二塁への送球がしばしばワンバウンドになる。あれはひどい。

私も肩が弱かった。私は南海に入団する前、全球団の捕手を肩、打撃、リードの各分野別にチェックした。それでいちばん手薄な南海に的をしぼったわけだが入団早々、プロの力を思い知らされた。初めての二軍戦で二塁へ送球したところ、相手の捕手のはビュッとノーバウンドでいくのに、私の送球はワンバウンドでしか届かなかった。それを見ていた古参の連中から「お前は三年でクビだな」といわれ、ひどいショックを受けた。

それからというもの、肩を強くするためにあらゆる練習をした。グラウンドでひとり、夕日が沈むまで遠投を繰り返した。合宿の近くに軟式のテニスコートがあった。毎日、コートの周りをうろついて網の外に飛び出したボールを拾った。右手でそれを何回も握り、握力をつける努力をした。一日一個つぶすことを自分に課した。手がブルブル震えて夕食のハシもろくに握れなかった。六カ月後、私の肩はやっと一人前になった。

穴吹監督はブレイザーと違ってドカベンの起用に積極的だ。少々のことには目をつぶるハラらしい。内野手たちにワンバウンドの捕球練習をさせたりしている。しかし、香川よ。これで恥ずかしくないのか。肩は練習次第で強くできる。

キャッチャーを「捕手」と書く。いうまでもなく球を捕るの「捕」だが、私はもうひとつ、投手を助け、その足りないところを補う「補手」でもあると思っている。肩が弱くては、それどころではない。逆にピッチャーが、「あいつは肩が弱いからクイックモーションで投げてやろう」などと気を使ってくれる。こうなったらもう「補手」ではない。ピッチャーの足手まといである。それに気づいたとき、私は現役を退く決意をした。

キャッチャーはまた、ピッチャーに好かれなければならない。信頼を勝ちとらなければやっていけない。私は人付き合いは不得手だったが、食事はいつもピッチャーと一緒にした。杉浦とはいつも話し合った。豊田（当時西鉄）あたりに打たれて負けたときは、「やっぱりカーブだったな」

といった具合に配球を話題にした。杉浦から「しようがないよ」などと、よくなぐさめられた。話をしているうちに、投手がこちらを理解してくれる。理解があって、はじめて投手の「プラスアルファ」を引き出せる。

香川はニコニコしていて人なつっこそうなのに、必ずしも投手にもてるタイプではないらしい。聞くところでは、どうも横柄な口のきき方が災いしているようだ。たとえば

先輩に対して、

「○○さん、あれ取って」

とやる。そう親しくもない相手なのに名字を呼ばずに名前のほうで「○○さん」という。本人に悪気はないのだろうが、呼ばれたほうは「チヤホヤされやがって」というドス黒い気持ちがわだかまる。つい根に持つ。一時、彼は試合前の食事をたった一人でとっていた。誰もそばに近よらなかったからだ。

まだ若いから分からないのも無理ないが、キャッチャーはそのへんに人一倍敏感でなければならない。そういえばスタジオで会ったとき、香川はチームが負けたことより、その日、四打数無安打だった自分の成績のほうを気にしていた。直接、言葉には出さなかったが、そんな気持ちがミエミエだった。それでは困る。

人の縁とは不思議なものだ。もしブレイザーが今年も監督をしていたら、ドカベンは日の目を見なかったと思う。商売上手な穴吹監督あればこそである。

（83・5・27）

冒険球と安全球

西武の松沼兄弟が頑張っている。二人でチームの勝ち星の半分近くを稼いでいるのだから立派だ。兄のほうは「兄やん」、弟はなぜか「オト松」と呼ばれている。突飛な性格の主が多い投手族の中で二人は折り紙つきの常識人だ。好投したときは「キャッチャーのおかげです」と真っ先に捕手をたてる。当方としては非常にこそばゆい気がしたのを覚えている。

とにかく二人は仲がいい。兄やんが上がりの日、私と二人で選手控室から自軍のゲームを観戦したことがある。西武の先発はオト松である。そのゲームは接戦の末、ライオンズがものにしたが、兄やんの声援は熱狂的なファンをしのぐすさまじさだった。オト松がピンチになると身を乗り出して「ガンバレ」を連発する。田淵が援護の一発でも打とうものなら、恥も外聞もなく躍り上がり、ガッツポーズを繰り返す。

すでに声はかれて高見山のようになっている。日ごろ、無口でおとなしい兄やんだけに、私は目の前の豹変ぶりが信じられなかった。あまりのことにあきれて、しまいには、

「ほかのピッチャーのときも、このぐらい応援せにゃいかんぞ」

と、苦言を呈したのを覚えている。

遠くは阪神の藤村兄弟、近くはスワローズの金田兄弟と、同一チームに在籍した兄弟選手は何組かいる。けれど、こんなに仲のいい例を私は見たことがない。キャンプ期間中は同じ部屋だし、外出するときも練習のときも、いつもピッタリと寄りそっている。兄弟といっても兄と弟では性格が違うものだが、この二人は双生児のように似ている。趣味は二人ともパチンコ、乗っている車も同じギャラン、住んでいるところも隣同士といった具合だ。

つい先日、知人の結婚式に招かれた。隣席の人が偶然、兄やんが以前、勤めていた東京ガスの関係者だった。自然、話が兄弟に及んだ。するとその紳士は急にマユをひそめ、

「あの二人は好きになれない。西武のものを買ったり、利用したりしないようにしようやと、仕事仲間といいあったもんです」

と、意外なことを口にした。聞いてみると、どうやら入団時のゴタゴタが尾を引いているらしい。当時、オト松の方も兄やん同様、東京ガスに世話になる下話が進んでいた。

東京ガスとしてはすっかりその気でいたようだ。ところが、結果は否定していたはずのプロ入りと出た。その紳士は、

「不買運動をやろうと話していたら、私は西武線を利用しないと通勤できないってのがいっぱいいいましてね。結局、冗談に終わりました」

と、最後は笑顔でしめくくったが、ひょんなうらみを買うところまで一緒というのが、いかにも松沼兄弟らしい。

ともに人がよくって気が弱い。下手と上手と、投げ方の違いはあるが、球は速いし、変化球は切れる。去年の三振奪取は兄やんが一位、オト松が三位だった。素質は二十勝級といっていいだろう。なのにこれまで大きく勝てないのは性格がずいぶん災いしている。素質にいいものがあるだけに惜しまれる。

ピッチャーの投げるボールには「冒険球」と「安全球」がある。前者は打者のふところをえぐる内角の球、安全球というのは打者の遠めにくる外角球のことだ。内角のボールはひとつ間違えばスタンドにほうりこまれる危険がつきまとう。しかし、「弱点は好きなところにこそ宿る」のたとえどおり、ベースの内側いっぱいのところをつけばよほどの打者でなければ打てない。わずか一センチほどのコントロールの差で、そこが天国にも地獄にもなる。だからこそ、「冒険球」というのだ。

だいそれた名を頂戴しているぐらいだから、もちろん勇気がいる。指先が狂ってぶつけては悪い、などといった遠慮は禁物だ。腕もちぎれんばかりの奮投を必要とする。大投手はみんなこの球をマスターして、自分の投球範囲を広げていった。逆にいえば冒険球を投げられるかどうかが、大投手の識別法でもある。松沼兄弟はこの冒険球を思いってほうれない。コントロールを誤って、真ん中にいくかもしれないという恐れと、相手に当ててしまったら、という遠慮が心の底にわだかまっているからだ。野球で身を立てているクセに、これでは人がよすぎる。

このあいだの近鉄戦でオト松が平野の顔のあたりに速球を投げこみ、のけぞらせた。この程度のことはよくある。打者攻略法の基礎技術といっていい。それなのに、何を思ったかオト松は帽子をとって平野に深々と礼をする。しきりに謝っている。プロ野球は高校野球とは違う。私は思わずそう叫びたくなった。広岡さんも同じ思いにかられたらしく、試合後、記者たちに、

「故意に投げてるんじゃないのに、なぜ謝るんだ。ああいう気弱なことではいつまでたっても大投手になれん」

と、吐きすてるようにいったそうだ。

兄やんの方は弟に輪をかけた弱気の虫を飼っている。先発を言い渡されると、たちど

ころに顔色が変わる。記者たちに「今日、いくんですか」と聞かれて「いや、ボクじゃない」ととぼけてみせても、表情は真実を隠せない。すぐ、バレてしまう。ノックアウトされた翌日はみるからに痛々しい。練習中もうつむいたままで、声をかけるのもはばかられる。

投手族というのはおおむね自分が一番と思いこんでいる。お山の大将でいるのがふつうだ。また、それぐらいでないと相手をのんでかかれない。ライオンズでいうと東尾や森が典型的な投手タイプだ。両者とも、たいして速い球はないし、決定的な勝負球を持っているわけでもない。足りない分は気で補っている。たとえ調子が悪くても胸を張って、相手をにらみつける。ヤクザのケンカと同じで最初に目が合ったときに打者を威圧するスベを心得ている。そうやって勝ち星を稼いできた。松沼兄弟はこの反対で、両親から受け継いだ肉体の強さでなんとか仕事をしている。天は二物を与えずとはいうけれど、世の中の仕組みはなんとも皮肉にできている。

完投するために投手はざっと百三十球を投げる。だが、すべて全力投球するわけではない。どこかで必ず遊ぶ。ちょっぴり手を抜く。大投手になればなるほど巧妙にそれをやってのける。遊びというのは、自分に対して相当、自信がないとできない。ウヌボレや余裕がなければ遊び心の湧きようもない。松沼兄弟にはそれがない。全力でいかないと落ち着かない。いや、むしろ、怖いのかもしれない。すべて全力投球だから、へばるのも早い。真面目といえばそれまでだが、チームにとっては江川的ズルさを身につけてくれたほうがよっぽど助かる。世間一般とグラウンド内とでは美徳のありようもおのずと違ってくる。

こういう手合いには叱り方にも気を使う。東尾あたりなら、ガンと一発、食らわしても、それをテコにはい上がってくる。が、兄やんたちを同じ調子で一喝したら、すっかり落ち込んでしまう。これといった趣味もないし、気分転換のうまいほうでもないから、反省に反省を重ね、いつまでたってもそこから抜け出せない。不器用なタイプなのである。そういう人間はほめて、おだてて、その気にさせるしか手がない。辛辣で鳴るあの広岡さんがこの二人に関して、どやしたりしないのは、性格による叱り方をわきまえているからだと思う。

人がいいといえば南海の門田もあんなにいかつい体をしているくせに無類のお人好しだ。

私が南海の監督をしているとき、対戦相手は忘れたが、相手のピッチャーを完膚なきまでに打ちくだいた。ベンチにいた門田が見かねて、

「あれにも女房子どもがいる。もういじめんなよ」

といった。私は即座に、

「お前が四打席凡退だったとしよう。そんなとき、お前に同情してヒットを打たせてくれる慈善家のピッチャーはいるかね。いるんなら会いたいもんだ」

と、やり返した。

西武にいたころ、私は二人の球を受けながらときどき門田のことを思い出した。門田の優しさと兄やんたちの人のよさとが同じだとは思わない。けれど、どこか似ているような気がしたからだ。

ただ、門田は人はよくても気は弱くない。私の三千試合目のゲームがちょうど南海戦だった。こちらのピッチャーは兄やんである。しかし、兄やんは記念すべき試合だということに気を使い、コチコチになっていた。私が、

「気にしなくてもいい、いつもどおりいこうや」

と声をかけてもいっこうに効きめがない。目がすわっている。球威も半減している。

一方、門田は、

「元の監督の前で打ってこそ恩返しだ」

と広言していた。そして、言う通り二本もスタンドにぶち込んで、ニヤッと笑ってみせた。両者の、この微妙に違うところがプロでは大きい。

兄やんとオト松のパチンコの腕はかなりのものらしい。趣味の域を超えているとの評判を耳にする。パチンコなら機械が相手だから表情を読まれることもない。それに自意識を妙にたかぶらせる心配をしなくてすむ。人は人に似せて趣味を選ぶというが、よくしたものだ。

二人は広岡学校の超優等生だという。圧力釜を買いこんで玄米をたき、清涼飲料水のかわりに豆乳を率先して飲む。とするとパチンコで取る景品はやはり、自然食品だろうか。

（83・6・3）

本物を見分けるには三年かかる

野球選手のなかには縁起をかつぐ人が意外に多い。大洋戦前夜にクジラのステーキを食べる投手がいるかと思えば、わざわざ必勝クツ下なんていうのをはいて球場入りする内野手もいる。そこへいくと中日の中尾あたりはいかにも現代っ子然としていて、まずゲンをかついだりはしない。なのに、今度ばかりは相当こたえたのだろう。不振を心配したファンたちが「中尾人形」に魂を呼びいれる儀式を計画したところ、彼は、「この際、なんでもやりたい」

といって出席を快諾したという。

それにしても今シーズンの中尾には目をおおいたくなる。去年四割を超していた盗塁阻止率が二割一分四厘に急降下し、打率は一割九厘と低迷している。おまけに彼が先発したときの勝敗は三勝十五敗一分けと極端に悪い。こうなると、それまでチーム内にわだかまっていた彼に対するさまざまな感情が一気に噴きあげてくる。

「あれだけ練習をサボれば当然の報いさ」

とか、

「そもそもMVPが分不相応だったんだ」

といった類のささやきがいくつか、私の耳にも届いている。

選手がシーズンに入ってどんな働きをするか、そのバロメーターになるのがキャンプである。キャンプを見れば七割方の予想がつく。その意味で中尾のキャンプにはがっかりさせられた。腰が痛いといっては練習を休み、ひざの調子がおもわしくないといってはオープン戦を欠場した。それならそれで治療に専念すればいいのに、チームが地方でオープン戦をしている間、地元でゴルフにうつつをぬかしている。

私は去年、この連載の中で中尾をセ・リーグのナンバーワン・キャッチャーだといった。接戦での詰めの甘さがなくなれば球界一のキャッチャーになれるだろうとまでいった。その考えに今も変わりはないけれど、こう手抜きをしていては将来はおぼつかない。

といってもまったく同情がないわけではない。私にも覚えがある。プロ入り四年目でホームラン王をとった翌年のことだ。ホームラン王をまさかベンチに置くまいという安心感から自然、気が緩んだ。前年まではダッシュをすべて全力で走っていたのに、その年は全力疾走がだいぶ減った。あんなに怖かった首脳陣も不思議と怒らない。となると、おごりは高まる一方で、勝ち星に関係のないオープン戦がおっくうになった。それに、リーグの違うバッターをアレコレ研究してもしようがないではないか、と気分はますます尊大になった。もうちょっとで仮病を使いそうになったものだ。

プロは一度、痛い目に遭わされた相手に必ずしっぺ返しする。だから、一回の成績だけでは実力を推し量れない。本気で向かってくる相手を克服しなければ一人前とはいえない。少なくとも三年間は様子を見る必要がある。そのあたりが若い時分には分からなかった。

中尾の場合、不振の原因は手のケガということになっているが、ケガにも防げるケガと不可抗力の負傷とがある。気が入っていないと、軽くてすむところがおうおうにして重傷になる。たとえばスライディングしてくる相手へタッチにいく場合でも、真剣勝負でガードしたときは意外にケガをしない。中途半端な気持ちで臨むと思わぬ裂傷を負ったりする。彼のケガが前者のニュアンスを持ったものなのか、それとも後者の色合いの濃いものだったのか、それは本人にもおそらく分からないだろう。しかし、私には避けられたケガに思えてならない。

各チームにはいわくいいがたい個性がある。それを伝統という言葉に置き換えてもいいだろう。先日、フォークボールの元祖といわれた杉下茂さんに会ったとき、つい昔話に花が咲いた。中日の生んだ、往年のこの大投手は、

「キャンプなんか、ほとんど練習らしい練習しなかったな。オープン戦にもついていかない。その間、名古屋に残って二軍相手にバッティング投手してたよ」

と、今では考えられないような調整ぶりを披露してくれた。天才肌の杉下さんは特別なのかもしれないが、現在のドラゴンズにもその旧風がわずかに残っている。他球団に比べ練習量はやはり少ない。

それと、なににつけても羽ぶりのいいチームである。私がウエスタン・リーグでやっていたころ、二軍のユニホームは一軍選手のおさがりに決まっていた。私のは総監督のお古だった。それはいいのだけれど、総監督はほっそりした人だったから、太めの私が着るとパンパンで、袖のあたりはノースリーブみたいにみえた。それにひきかえ、ときどき対戦した中日の選手はおろしたての新品で目にまぶしかった。

薄給のせいで自分のバットはせいぜい一本しか買えず、予備の練習用バットは一軍のベンチにいって、これも古いのをもらった。くれるのはたいていヒビの入ったボロだった。それに細いクギを打って、だましだまし使った。一方のドラゴンズはユニホーム同様、新しいのが何本もそろえてあった。思わずみじめな気持ちになったものだ。何年か

前まで中日でコーチをしていた某氏に聞いたら、タクシー券はどっさりくれるし、遠征先での飲食もツケでいい、と目を細めていた。今は少し改善されたようだが、中尾にとって、こうした環境は悪いほうに影響しこそすれ、いいほうに作用することはあるまい。

捕手という商売はあくまで黒子《くろご》である。絶対に主役にはなれない。たとえば江川が絶好調だとしよう。速球はビュンビュンくるし、カーブのキレもいい。こんなときはだれにキャッチャーをやらせても大丈夫だ。反対に悪いときこそキャッチャーの出番がある。なんとかバッターの狙い球を見破り、その日のいい球を生かし、投げさせていく。そうしてゲームを手中に収めたとしてもキャッチャーの貢献度は二、三〇パーセントくらいのものだろう。

中尾は、「主役になる捕手像をつくっていきたい」と、記者たちに語ったそうだ。私の分類では主役願望は投手型人間の特性だから、中尾はもしかすると投手型キャッチャーなのかもしれない。そう思って観察すると、彼のプレーや仕草に合点のいくところがある。相手のランナーがヒットで生還したときピッチャーはキャッチャーのうしろにカバーにいく。中尾はピッチャーが自分のうしろにいつまでもいると気にさわるらしく、追い払うように手を動かす。とりようによってはずいぶん、傲慢に見える。

パ・リーグの代表的キャッチャーは近鉄の梨田をおいてほかにないが、この男もチラッと主役意識がのぞくことがある。ランナーが盗塁しそうな気配を見せると、梨田は送球しやすいように半身に構える。しかも、ピッチャーに要求するのは右バッターの外角ストレートだ。これだと構え直さなくともすぐほうれる。盗塁を阻止するのは一見、ピッチャーに対する強力な補佐と受けとれなくもない。しかし、ランナーが出るたびにこれをやっては、バッターのほうも外角にしぼってくるだろうし、ピッチャーにしても気が散ってピッチングが散漫になる。小さなことだが、脇役に徹すればこうはならないはずだ。

守るだけでなく、中尾は打って走れる。三拍子そろっている。それだけに「オレが、オレが」といった意識が、余計に強く出てしまうのだろう、もっとも、捕手型人間の中にもカカア天下タイプ、井戸端会議派、それにハイハイと亭主のいうことを聞く従順型とある。中尾のような男は年をとるにしたがってカカア天下型になるかもしれない。このタイプの代表格に、名捕手といわれた元阪神の土井垣さんがいた。ヘタなところへ投げようものならピッチャーをにらみつけて、猛スピードの返球をよこした。ハタでみていても怖いと思ったほどだから、亭主（ピッチャー）はそれこそ尻に敷かれっぱなしだった。

名古屋のファンは人の特徴をつかむのがうまい。ネコの目のような継投策を得手とする近藤監督に卓抜なアダ名をつけた。「モギリ屋コンちゃん」という。モギリ屋というのは切符の半券をちぎる係員のことだ。投手交代でマウンドにいった近藤監督が有無をいわさずピッチャーからボールをもぎとるところがこの名の由来らしい。そのモギリ屋コンちゃんがチームについて、

「中尾の不調が全体の不振に結びついている。中尾さえよくなれば好転する」

といったそうだ。この判断は間違ってはいない。ドラゴンズがジャイアンツに一矢報いる機会があるとすれば、やはり中尾の復帰したとき以外にないのではないか。

最後に中尾の頂戴したアダ名を紹介しよう。「一休さん」というのだそうだ。キャッチャー用のヘルメットをかぶった顔がどことなく僧形を思わせるかららしいが、いくら不振だからといって、どこかの御仁のように禅寺にこもったりはしないでもらいたい。座禅をして野球がうまくなるなら、プロの選手はみなとっくに坊さんになっている。

（83・6・17）

ニコポンコーチにみる中間管理職の悲哀

近ごろ、気になることがひとつある。

選手がヒットを打つ。一塁コーチがかけよって手を振る。拍手を送る。念の入ったのになるとユニホームの泥をはたき落としてやったりする。殊勲打でも打ったのならそれも分かるが、負け試合でも堂々とやる。いつだったか、大量得点され、しかもゲームが後半に入り、とても勝ち目のないときですら握手をしているコーチがいた。いったいどうなっているのだろう。こういうことを続けていると、選手たちは、負けてもヒットさえ打てばいいのか、という気になる。とかく個人成績優先主義に陥りやすい。

西本さんに水を向けてみたところ、

「点差がウンと離れているときは、たとえホームランを打っても、ワシはベンチでふくれっ面してたもんだ。とても出迎えるなんて気にならへん。焼け石に水だもんな」

といっていた。そのとおりだと思う。鶴岡さんもそうだった。私が会心の一発を打っても負け試合だとプイッと横を向いていた。ベンチも静まり返っていて、今のような無分別なお祭り騒ぎはなかった。親しい選手が小声で「ナイスバッティング」と声をかけてくれるぐらいが関の山だった。そんな風潮だったから監督やコーチが祝福してくれたときはむやみやたらにうれしかった。ほめ言葉ひとつにしても今よりグンと重みがあったように思う。

敵ながらほめ方のうまかったのが、亡くなった元東映監督の水原さんだ。ふだんは無表情でコーチスボックスに立っているが、逆転ホームランでも打とうものなら、敬意を表するかのように帽子をとって、頭の上でグルグル回した。スタイリストの水原さんがそれをやるといかにもさまになった。ほめることの少なかった人だけに選手の感激もひとしおで、なかには水原さんの前で黙礼してホームインする選手もいた。とにかくほめ方ひとつにしてもメリハリがきいていた。ケジメがあった。

私もほめないほうだったと思う。評論家をしている佐藤道郎が南海のリリーフエースだったころのことだ。彼は一仕事終えてマウンドから降りてくるとよく、監督の私に握手を求めた。接戦を乗りきったときは私も応じた。が、フラフラのピッチングだったりすると私は知らん顔をしていた。まあああのときはわざと人さし指一本で彼の手に触れ

てやった。最初のうち佐藤は、
「なんや、握手もせんと」
とふくれっ面だったが、しまいには納得してくれた。そして、私の握手の仕方で仕事の評価を判断するようになった。

ミソもクソも一緒にしたような称賛の嵐にさらされている選手は、チーム優先のバッティングとかチームプレーを忘れるようになる。パ・リーグの某コーチは握手の功徳について、「負け試合と分かっていても、若手や不調続きの選手が打ったときは、よくやった、という意味で手を差し出します。それが人情というものでしょう」と話していた。いかにも選手にウケそうな模範的答えである。が、そういうことはゲームが終わってからにすればいい。衆人環視の中でそんなにベタベタする必要はない。負けゲームのときコーチが歯を見せてはいけない。苦虫をかみつぶした顔こそ職務にふさわしい表情ではあるまいか。

選手がサラリーマン化した、と嘆く監督、コーチがよくいる。しかし、私は選手よりも首脳陣のほうこそ、そうではないかと思っている。とくにコーチ連中にその傾向が強いのではないか。

少し前まで球界には重役出勤ならぬ、「監督出勤」という言葉があった。それが今ではどの球団でも監督が真っ先にやってくる。本来、練習はコーチにまかせておけばいい。選手のコンディションづくりは彼らの仕事なのである。なのに今はなにからなにまで監督が口を出すから、コーチの働く場がなくなってしまう。給料をもらっている以上、コーチとしても存在理由を誇示しなければ首が危ない。となると、技術的な指導力よりも、チーム内のパッキングの役割に目を向けるようになる。つまり物分かりのいいおじさんになるしか手がないのだ。コーチの一日は選手にニコッとほほえみかけ、ポンと肩をたたくことに始まる、と冗談めかしていった大先輩がいたが、うなずかざるを得ない。最近では家庭訪問をしたり、ことあるごとに選手に長文の「親書」を書き送るあっぱれな男も出現したという。幼稚園に確か、お便り帳というのがあったけれど、コーチはいつの間にか子どもたちの先生になってしまった。そんな気がしてならない。

サラリーマン化したコーチたちのもうひとつの特徴は人事に関する嗅覚が異常に鋭いことである。監督の首がどうなるのか、絶えず気を配っている。今シーズンのような展開になると下位球団では必ず責任のなすり合いが始まる。自分に自信のないコーチは風見鶏になって、四方八方へと情報を探りまわる。こういうとき、日ごろの「ニコポン」でつちかった選手たちが役に立つ。自分をひいてくれた監督でも目がないと見れば平気で裏切る。

私にも苦い記憶がある。南海の監督をしていたときのことだ。ある中堅選手がクビのリストに入っていたので、再就職のアテについてそれとなく尋ねた。するとその男は、

「兄のやっている飲食店を手伝うぐらいしか道はありません」

と、しおれきっている。私はかわいそうに思って二軍のコーチにした。それを言い渡したときの彼の笑顔ったらなかった。なのにシーズンも終わろうというころ、彼は裏にまわって私の追い出し運動を進めていた。

もう一人の男はまるで上昇志向のかたまりだった。任命したときは実に調子のいいことをいっていたが、途中からガラリと変わった。家が同じ方向にある選手たちをいつの間にか抱きこんで私の悪口をいいふらす。本来、監督のところへ報告に来るべきことでも直接、球団社長のところへいく。そこでまた、悪口をばらまく。知らないのは監督ひとりだった。上り調子のときは、なにも見えないが、ちょっと落ち目になると人間が実によく見える。私の人生でこのときほど勉強させてもらった時期はない。

コーチたちの年俸は驚くほど低い。一千万を超すコーチは数えるほどだろう。五百万から七、八百万円がせいぜいではないか。なかには三百万円台なんていうのもいる。部長や課長のほうがヒラ社員より薄給というのでは影響力もタカが知れている。

昨年の覇者ライオンズでさえ、コーチに対する認識は相当遅れている。大半のコーチ

が年俸アップを見送られたと聞いた。それに優勝プレゼントのハワイ旅行も選手は家族同伴が許されているのに首脳陣は奥さんだけ、といった具合に差別されている。他はおして知るべしである。

コーチのマイナス面ばかりを指摘したが、このあたりに同情すべき余地もある。それに、監督の首でさえコロコロと変わるご時世ではコーチに腰をすえて仕事をしろ、というほうが無理だ。監督経験者や有名選手なら再就職の口も見つかるかもしれない。だが、並のコーチではそうはいかない。クビになったら路頭に迷うしかないのだ。監督もいつ倒れるか分からないとなると、将来性のある選手にニッコリほほえんでおいたほうがいい。そんな保身の計算が「ニコポン」を蔓延させている原因のひとつといえる。

コーチについて考え出すと、いつも死んだ蔭山さん（元南海監督）のことを思い出す。蔭山さんは私たちを指導するとき、いつも「オレが責任を持つから」といった。今、そういえるコーチがいったい何人いるか。この文句はすでに死語になってしまったのではないか。もっとも、これは何も球界だけの現象ではなく社会一般にそうであるらしい。ご同輩諸氏、いかがでしょうか。

（83・6・24）

「練習をしないと怖い」

スター選手ともなると、若手や裏方さんを食事によく誘う。しかし、案外、この誘い方が難しい。今まで仏頂面をしていたのが突然、だれだれクン、食事に行こうか、と肩をたたいたのでは、誘われたほうもびっくりする。なにかあるのかと勘ぐったりする。わが業界にも、やれ○○派だとか、××グループだのといった政界まがいの人脈が横行しているから、ヘタに声をかけると派閥活動ととられかねない。某球団の主力打者がしみじみと話していた。

「監督になる前は、うるさいくらい選手たちをお茶や食事に連れ出したヤツが、天下を取ったとたんガラリと変わった。今じゃ、お茶のおの字もいわんもん」

こうなっては人格を疑われる。それにタイミングがまた難しい。三割を打ったとたん、そうした行動に出たのでは天狗になっているような感じがする。当たり前のことだが、あくまで自然にというのが肝心ではなかろうか。

ヤクルトの若松はその点、誘い上手である。えらぶらないし、酒席で人の悪口をいわない。「体にいいんだぞ」とか「うまいから食えよ」と、いうことにも生ぐささがない。全員に食事や酒が行き届いているかどうか、しょっちゅう、気を使う。隣の人の盃に酒がなくなると、さっと酌の手を伸ばす。ここまですればふつうは「若松派結成」のニュースが飛び交うものだが、不思議にそれがない。ひとつには付き合い方に上昇志向のにおいがしないせいだと思う。

「若松部長」を囲む会だとしたら、こうはいかないだろう。彼の場合、むしろ、青年団の集まりといったほうがぴったりくる。そこにあるのは仲間意識といった横の座標軸である。

技術的には非の打ちどころがない。どんな偉大な打者であろうと一度は悩むのが体の開きである。右バッターを例にとって説明すると、左のつま先がホームベースに対して直角に出ないで、投手のほうを向いてしまう。さらにひどくなると三塁手の方向に開く。これだとせっかくためた力が半分しかボールに伝わらない。外側へ足がいってしまうわけだからフォームは崩れ、外角のボールが打ちづらくなる。長嶋のように大きく開いて、なお外角球を打てた人間もいるが、これは天才ならではの技で、並の人間のできることではない。落合がこの欠点を直すため、今年のキャンプでおもしろい実験をしていた。左足のうしろにタイヤを積んで壁をつくる。こうして打てば左足はまっすぐしか出すところがない。アイデアとしては秀逸だが、タイヤの壁がなくなると元の木阿弥で、また開く。今の落合を見ればいかにアイデア倒れだったかが分かる。若松にはそのクセがない。私にも体が開くクセがあったので彼をみてうらやましく思った。南海の監督時代、私は人を介して若松に開かないで打つコツを尋ねたことがある。すると若松は、

「そんなことで悩んだことがないから分かりません」

と、キョトンとした顔で答えたという。仕方がないので私は私なりの方法で開きを防いだ。頭の中でスライダーの弧を描くのである。直球がきてもスライダーの気構えで打った。そうすると、いくぶんかまっすぐ踏みこめた。ただこの方法もちょっとバッティングが狂いだすと効果を失った。そんなときは彼がますますうらやましかった。

若松はみんなと出かけるのが好きなくせに根はハニカミ屋である。あらたまった席で挨拶をしたりするのが苦手だ。ヤクルトがセ・リーグ優勝した年、MVPに選ばれた彼は表彰式の席でひとことしゃべらなければならなくなった。彼は赤面し、まわりもハラハラした。しかし、しゃべり終わったときは、満場の拍手だった。内容は相撲取りのように素っ気なかったが、「がんばる」というひとことに重さが加わって聞こえた。タレ

ントが「がんばりまぁす」とオウムのように繰り返すのとは全然ちがった。

とにかく練習をよくやる。三十六歳という年を考えてもう少し体をいたわったらと思うのだが、そんな周囲の心配をものともしない。いつも若手と同じ練習メニューをこなす。

こんなエピソードがある。広岡さんが監督のとき、辛辣居士の彼は若松を「ポンコツ」とこきおろした。ふつうなら、「なにを」と食ってかかるところなのに若松は黙って聞いた。そして、監督の口を封じるには練習以外にない、と思ったそうだ。こんな彼をみんなが知っているからこそ、式場が「がんばる」のひとことでしんとなったのだ。

ただ、いくら練習好きといってもこうした美談だけで説明のつくものではない。聞いてみると、

「練習をしないと怖い」

という答えが返ってきた。体力的なハンディを練習で埋めあわせようとしたのか、ほかに何かあるのか、いずれにしてもある種の強迫観念が働いていることは間違いない。

今年のキャンプではしかし、あれほど練習好きだった若松のメニューが年相応になった。理由がある。師とあおぐ中西さんがコーチに復帰したからだ。若松はかつて中西さんに徹底的にしごかれた。シコを踏んで下半身を鍛え、自宅や遠征先の旅館では柱をバ

ットに見たてた独特の練習を積んだ。柱を使うというのは奇妙だが、動かない柱をバット代わりにして打ってみると、下半身でひっぱるようにしなければフォームにならない。繰り返すうちに下半身の大切さが感覚として分かる。バッティング理論はともかく、弟子としては師が近くにいれば落ち着きようが違う。安心していられる。

バッターはわずか数センチほどの狂いでスランプに陥る。ちょっとグリップが高くなっただけで迷路に入ってしまう。本人はアレコレ悩んで、何回もフォームをチェックする。ひと目で分かるような原因で打撃不振になるとすれば、それはスランプとはいわない。未熟なだけである。本当に自分を知ってくれているコーチが身近にいると、その数センチが短期間のうちに分かる。これは大きい。選手時代、王がときどき巨人の荒川元コーチを訪ねたのも、そのへんに理由がある。若松とて同じだ。好調の秘密は中西さんという〝精神安定剤〟によるところが大きい。

前から気になることがひとつある。外野を守る好打者に強肩を誇る人が誰もいない。昔は強かった選手もあっという間に弱肩になる。張本もかつては結構いいバックホームをした。山本浩二は鉄砲肩だったはずだ。若松も強肩ではないまでも弱肩ではなかった。それが今では内野にフラフラした球が返ってくる。どうしたことだろう。

遠投の練習不足、この一語につきる。内野手はノックを受け、必ず一塁へ送球する。

外野手はノックの数も限られている。となれば遠投の機会はどんどん失われる。使わなければ衰えるのも早い。年をとっても割合、いい返球をしたのは大毎オリオンズの四番バッターだった山内さんだ。山内さんは打つのも好きだったが、終わると必ずレフトへいき、ほかのバッターが飛ばすフライを追った。捕球するとハンで押したようにワンバウンドの球をホームに投げ返した。いま、こうした練習をする外野手は見当たらない。ノックをちょっと受けて、打ったらおしまい、という手合いがほとんどだ。好打者ともなればバッティングにかける時間は長い。いきおい守りにしわよせがくる。山内さんは練習で衰えをカバーしていた。若松にも見習ってもらいたい。

グラウンドの若松はいつも目いっぱいやる。無口な割にはベンチで大声を出す。球場にはいると人が変わる。だが、テレビは苦手らしい。自分の出演しているCMが流れると、パッと顔を伏せる。私には若松の気持ちが痛いほど分かる。今年から週一回テレビ朝日のレギュラー番組に出演するようになった。画面ではかろうじてニコニコしているが、シャツは冷や汗でグッショリ、胃は固くこわばってくる。家内がビデオをとってくれるが、恥かしくてとても見返すなんて気になれない。若松よ、君は同志だ。

（83・7・1）

力の衰えた分だけ賢くなれ

太く短く、とよくいう。大洋の平松はこの逆で細く長くである。ふつうこういう生き方をする投手は名を遂げたりしないのだが、彼の場合、シュートという天下一品の武器があったので、長いこと平松印の旗をあげてこれた。このシュートは私が知る限り最高の切れ味だった。そして、巨人は今もその亡霊に悩まされている。

人の巡り合わせとは不思議なものだ。ちょっとしたことがこの男を希代の巨人キラーに仕立てあげた。昭和四十一年のドラフト会議のときである。平松はこの日、ジャイアンツの一位指名を確信して電話連絡を待っていた。確信するにはそれなりの理由がある。どの球団よりもジャイアンツのスカウトは熱心だった。毎日、電話をかけてきては、「一位指名でいきますから」とプライドをくすぐるようなことをいう。日本一の球団にそう囁かれるのだ。だれでも悪い気はしない。ところが結果は違った。巨人は東京六大学の三冠王捕手槌田（立大）を選び、平松はホエールズから指名を受けた。彼の胸に打倒巨人の思いが宿ったのはこのドラフトがきっかけになった、という。

巨人に一番強かったのは金《かね》やんで六十五勝を稼いだ。平松は金田天皇に次ぐ稼ぎ頭で現役最高の五十勝四十敗（六月二十七日現在）。金《かね》やんに比べ平松の記録が光るのは負け数の少ない点だろう。金《かね》やんは勝ち星も多いが、七十二回も苦杯をなめている。村山、杉下、星野、江夏といったところが二人に次ぐ歴代の対巨人戦成績優秀投手だが、勝ち越しは平松と星野の二人だけである。

面白い話を聞いた。

V9時代、平松は巨人戦の登板前夜、明け方まで眠れなかったという。一番柴田には内角直球で入ろう。次はカーブで打ち気を誘ってみるか。そんな具合に各打者との想定問答を重ねているうちに空が白みはじめ、一番鶏が鳴く。想定問答は今もする。もっとも昔に比べるとたちどころに答えが出てしまう。松本はこうやって、ストンと落とす。河埜はV9の後半に籍を置いていたから多少、注意をしなくちゃいけない。そうして、このあたりまで考えてくると急に眠けがして、あとはそう気にしなくても……ということになるらしい。駒田が売り出し中のころ、新聞記者が感想を求めた。すると、平松は、

「コマダって誰、ああ、彼のこと？　まあまあじゃないかな」

と歯牙にもかけなかったという。ジャイアンツ打線もずいぶん、なめられたものである。カミソリシュートの平松といわれた。彼のシュートはこのあだ名に恥じず、すさまじい切れ味を持っている。また、これあればこそ巨人を封じることができた。オールスター戦で彼と対決したとき、私はシュートに狙い球をしぼって待った。私も内角の球には自信があったから、彼の得意の球をスタンドに運んで鼻をへし折ってやろうと思った。ところがパ・リーグの四番打者の打った打球はつまった内野フライ、鼻をへし折られたのは、こちらだった。

今、シュートピッチャーというとだれもが西本の名をあげる。しかし、全盛期の平松のそれと比べたら格が違う。やや落ち気味にくる西本のボールに対し、平松のシュートは浮き上がってきた。西本のシュートなら、一流打者がヤマを張って待てばなんとかできる。平松のはそうはいかない。天才とうたわれた長嶋でさえ、このカミソリシュートにはてこずった。百八十一打数、三十五安打、打率一割九分三厘。長嶋と百打席以上、相対した投手は三十三人いるが、一割台に抑えているのは平松を除いてはほかにいない。いかに彼のシュートが切れたか、お分かりいただけたと思う。

しかし、人は寄る年波には勝てない。カミソリにもいつしかさびが浮く。平松のシュートもこの例外ではない。ただ、彼は切れ味の鈍くなった分だけ、賢くなった。ダテに甲羅を経てきてはいない。福井でジャイアンツを完封したとき、平松は初回、右打者にブンブン、シュートを投げた。往年のすご味はないが、原も中畑も内角を突く球にのけぞり、みんな逃げ腰になった。下位のバッターもこの様子を見ているから、打席に立ったときはシュートに気をつけなければと、つい、意識がそちらにいく。いわば金縛りに遭ったのと同じだ。こうなればしめたものだ。バッテリーにとって怖いものはなにもない。バッターは頭の中にシュートの幻影をいっぱいつめこんで打席に入る。バッテリーはなにもシュートを使わなくとも、思いのままに料理することができる。

後楽園のゲーム（六月十七日）もその典型だろう。三回裏、バッターは原。平松は三球続けて外角にほうり、カウントはツーストライクワンボール。おそらく原は、いつシュートがくるか、落ち着かない気分だったと思う。追いこまれた今度こそシュートに違いない。原はそう読んでいたはずだ。ところが四球目も意に反して外角のスライダー、原は虚をつかれ、センターフライに終わった。

さっき私は、バッターを金縛りにするため、平松が見せ球としてブンブン、シュートを投げたといった。しかし、本当のところはアレもシュートではないかもしれない。右バッターをのけぞらせるようなボールだからシュートのように見えるが、内実は単なるストレートではないのか。そのあたりが気になったので、こっそり女房役の辻に尋ねて

みたところ、辻は、

「いくらノムさんでも企業秘密は教えられませんよ」

と、大真面目な顔で否定した。私はどうもこの大真面目な顔が気になる。とぼけているのではないか。もちろん、シュートもあるのだろうが、何割かはストレートに違いない。今の平松は過去の名声をうまく利用している。

投手には個性派が多い。野手はポジションの関係から、仲間に迷惑をかけまいとする。協調路線をとる人間が多い。これに対し、投手はどうしてもお山の大将的気分が抜けない。大投手ともなれば余計にその色は強く出る。近鉄の鈴木啓はその代表格といえる。いつだったか、二人で話していてこんな会話が飛び出した。

「肩がつぶれたらだれが補償してくれるんですか。だれも面倒みてくれまへんやろ。ワシは人から助けてもらわん代わりに、人の手助けもせんですよ」

鈴木ほどではないが平松にも似たところがある。肩が痛いといっては登板を見送り、ひじの調子がおもわしくないといっては休んでしまう。

いい年だから、無理のきかないのは分かる。それにシュートを多投するピッチャーは肩やひじに余計な負担がかかる。体の痛みも早い。体調の維持に人には知れない気を使う。私は平松がマージャンパイを左手でツモるのを知っている。記者会見の席で出された缶ジュースを左手で飲むのを知っている。しかし、それにしても過保護ではないか。

ここにひとつのデータがある。平松の最近五年間の登板間隔を調べたものだ。それによると、中七日以上というのが二十四回で一番多い。次いで中五日が二十二回、中六日の十八回と続く。これだけで全体の八一パーセントを占める。

もう一つ気になるのは彼のマウンド上での態度だ。投球数が百球をオーバーするあたりになると、彼はしきりにベンチのほうを見つめる。私には「疲れたから交代させてほしい」と訴えているように思えてならない。関根さんは優しい人である。平松に対してはあらかじめコンディションを聞いたうえで登板日を決めているという。こんな具合だから、熱いまなざしを投げかけられたら、「よし、交代」ということになりかねない。誰がつけたのか知らないが、平松を指して「ガラスのエース」とはよくいったものだ。さもありなんといった気持ちになる。

平松はあと四勝で二百勝を達成する。全勝ち星のうち実に四分の一が巨人戦という勘定である。巨人相手のときに見せる平松の姿はとてもガラスのという形容詞どころではない。ジャイアンツに勝つコツは、と記者たちに聞かれ、

「背中を見せないことさ」

と、ヤクザまがいの答えをするあたりにも、並々ならぬファイトを感じさせる。おそ

らく、この非凡な投手にはジャイアンツ戦以外に自分を燃焼させる場所がなかったのだろう。チームは弱く、優勝という目標はかかげにくい。となると、全力で立ち向かうテーマは一つしかないではないか。

春先、平松は二百勝を成し遂げたら引退するよ、といっていたらしい。目前にそれを控えた今、彼は自分の進退をどう考えているのだろう。歯ごたえのなくなった巨人を見て、目標を失った思いにかられているのか、それとも新たな欲が湧いてきたか。私としては「コマダ？　ＷＨＯ」といった、とぼけた受け答えをもっと聞きたい。こんな味を出せるのは、もう彼しかいないのだから。

（83・7・8）

牽引車のいない組織は逆境にもろい

巨人はこのところ苦労して優勝をつかんだ経験がない。一昨年は下位球団が食いあってくれたし、去年は後半につまずいて中日に優勝をさらわれてしまった。今年は楽勝の予想だったが、ここにきて尻に火がつきかけている。

カープは新旧の歯車がかみあっており、なかなか手ごわい。苦労知らずが苦労するときがきたようだ。

テレビ朝日のインタビューの仕事でカープの主力四選手と会った。その席で衣笠が、

「九月には巨人に追いつきたい」

といっていた。私が、ずいぶんのんびりしているな、といったら衣笠は、

「あんまり早く追いつかないほうがいいでしょう」

と笑ってみせた。確かにそうだ。追うものと追われるものとではどうしても勢いが違

う。追うものの強みをギリギリまで掌中にしていたほうがいい。競馬だって、強い馬は最後の直線までじっと力をためている。それと同じだ。ただ、この作戦はよほど力に差がないとうまくいかない。なるほど、今のカープの力は投打ともにジャイアンツを上回っている。しかし、それがシーズン後半まで続くかどうか。

ひとつ気になったのは、古葉監督がインタビューに応じなかったことだ。

「ノムさん、今はカンベンして下さい」

と断ってきた。私も現役時代、よくテレビやラジオのインタビューにひっぱり出された。けれど、自分のバッティングにしても、チームの状態にしても、なにかこだわりがあるときは出たくないものだ。そんなときはマネジャーに頼んで遠慮させてもらった。

古葉はこの前、地元で巨人に二勝一敗と勝ち越したとき、

「巨人は必ずつかまります」

といった談話を発表している。ふつう、監督というものは自信のあるときは本音をズバッといわない。本当に追いつけると思ったら、

「まあ、ボチボチですわ」

こんな程度である。勢いに乗る選手たちと違って、古葉には、なにかひっかかるものがあるのだと思う。

近代野球では七回以降の攻防が勝負を分ける。この三イニングを制したチームはおのずと上位にいる。巨人は七回までリードしていてそのまま逃げ切ったケースが、全勝ち星四十勝（七月二日現在）のうち三十三勝を占める。負けはない。典型的な先行逃げ切り型である。広島も二十九勝二敗三分けと、かなり高い勝率ではあるが、巨人には及ばない。この差はどこから生じるか、というと、ストッパーの出来不出来によるところが大きい。私はこのあたりに古葉の悩みがあると思っている。

江夏なきあと、カープのストッパーは大野が担ってきた。古葉は大野の威力のあるストレートを買っており、早くから抑え役に育てようとしてきた。江夏がまだ在籍中に、大野の教育係をまかせたのも、そうした期待の表れとみていい。大野というピッチャーは個々の球をみると、なかなかいいものを持っている。が、リリーフになるとそれが生きてこない。真面目で練習熱心な男ではあるが、ピンチに相手をのんでしまうような腹芸はできない。それに、技術的な欠点をあげると、右バッターの外角いっぱいをつくコントロールが甘い。バッターの目から一番離れている外角は万国共通の安全パイといえる。いつだったか、江夏が、

「外なら当たってもファウル、うまく打たれてもヒットやろ」

といっていたが、ここに投げられると、ピッチングの組み立てが天と地ほども変わる。

大野はリードしているゲームにストッパーとして十一試合登板、成績は一勝二敗四セーブ、四回、引き分けに持ちこまれている。これに対し、巨人の角は十六試合に出て、一勝一敗十四セーブ。歴然としている。ストッパー役として、そろそろ見切りをつける時期かもしれない。

その大野が先発にまわった途端、完封の離れ業をやってのけたのだから、力がないわけではない。結果を見て、おっとり刀でこんなことをいうのはバスに乗り遅れまいとしているようでイヤなのだが、彼は性格的に先発のほうが向いている。ストッパーに育てたいのなら、もっと修業をさせなければならない。今シーズン、それが間に合うかどうか。このあたり、古葉としてはもっとも迷うところだろう。私なら、北別府を抑えにまわす。北別府のストレートは大野ほど速くはない。けれど彼はどんな球でもひととおり投げられる。コントロールもいい。なによりも、バッターをなんとかして抑えこむ技術にたけている。実験の価値はあると思う。

リリーフエースをだれにするか、という問題を除けば投打ともに、今の状態ならカープに分《ぶ》がある。通知簿風にいえばカープが5、ジャイアンツは4ぐらいだろうか。投部門ではとくに津田と川口の台頭が大きい。二人とも五月半ばまで一勝しかしていなかった。それが五月下旬から勝ちだし、チームを押し上げた。北別府と山根はだいたいコンスタントだから、カープ躍進の立役者はこの二人だといっていい。ともにストレートに力がある。スローカーブのコントロールもいい。スピードの落差がバッターを戸惑わせている。川口の場合、ほかに小さなスライダーが、津田にはフォークという武器がある。ピッチャーの中には、次は外角ストレート、といった具合に投げる球を決めてからも、

「もし、コースがはずれたら」

と思い悩む優柔不断な輩が少なくない。そこへいくと、この二人は思いきりがいい。決めたらあとは何も考えないで投げこんでくる。いつの間にか、一試合をまかせられる投手になった。

一方、ジャイアンツの投手陣は最悪の状態にある。西本ひとりが頑張っているが、ほかが総崩れではつめよられても仕方がない。もっとも気になるのが江川である。勝ち星はともかく、私はその内容が気になる。江川ほどバランスのいい投げ方をするピッチャーはほかにいない。一試合に四球が一つか二つ、というのも、バランスの良さあればこそである。それが、今年はやけに四球を連発する。この間の大洋戦では四球から崩れた。考えられない負け方だった。江川は夏に強い。プロ入り以来、七月の成績がいつもずばぬけている。だから、今年も七月の成績を見なければ早まったことはいえない。けれど、私はどうも気になる。肩のしこりとか、軽いひじ痛とか、彼はどこかに故障があるので

はないか。その意味で私は七月の江川を注目している。

ジャイアンツの投手陣が崩れた原因の一つは山倉の欠場にある。大事な広島戦を前に山倉は水疱瘡に倒れた。これは痛い。長年つれそった女房がいなくなると、亭主はどこにワイシャツがしまってあるのかも分からない。慣れないキャッチャーを迎えるピッチャーの気持ちもそれと似ている。サインを出されても「おい、それで大丈夫かいな」と、つい疑心暗鬼になる。山倉は陰に隠れて見落とされがちだが、今年急成長している。特にカーブやスライダーの使い方がうまくなった。

たとえば定岡をリードする場合、右バッターの内角をシュートで攻めたあと、外にはずすと見せて、もう一度内角にスライダーを投げさせる。ホームベースの尻をかすめるように入ってくるスライダーはバッターの意表をつく。こういうコンビネーションは去年までなかった。ピッチャーはキャッチャーの要求した一球が間違っていたために沈んでいくことがままある。広島勢も山倉が復帰したところで、もう一度、巨人投手陣をチェックしなおしたほうがいいかもしれない。

私はシーズン前、カープをあまり評価しなかった。ベテランの力が落ち、若手は期待したほど成長していない。選手の世代交代がうまくいかないのではないか、と見たてたのだ。ところが、この予想は完全にはずれた。ひとつには、山本浩、衣笠といったベテラン勢が去年とはうって変わって、はりきっている点だろう。老齢化の心配を完全にハネ返した。なかでも山本浩の復調には目を見はらされる。これは入った、ホームランだ、という当たりが去年は塀ぎわにくるとおじぎをして、凡フライに終わった。彼自身、相当こたえたのだろう。私に、

「カーンといい手応えなんですがね。間違いない、と思ったヤツが途中で落ちてしまう。ダメですわ。もう……」

とこぼしていた。それが今年はどうだ。まるで別人である。

バッターは年をとってくると内角で打ち取られる。腰が回らなくなるからピッチャーが楽についてくる。そこで内角をマークしていると、こんどはそこへこない。外に来る。一度、読めなくなると自信を失う。自分のペースはどこかへいってしまう。山本はもともと読むことにたけている。しかし、得手のなかにこそ不得手がひそむ。読みの名手はひとたびカンが狂うとなかなか迷路から抜け出せない。去年の彼はまさにそうだった。彼が失ったカンを、今年、どこで取り戻したか、それは私にも分からない。おそらくきっかけは小さなことだと思う。今、そのカンは冴え渡っている。読めるから打てる。打てるから自分のペースに巻きこめる。巡り合わせがよくなっている。こうなると、手のつけようがない。

左の表を見ていただきたい。

これはカープの勝利と各バッターとの相関関係を分析したものである。それをみると、山本がいかにチームの勝利に貢献しているかが分かる。次いで衣笠の順だから、打部門ではベテラン勢が支えている、といっていいだろう。山本にとって、問題は夏場だ。疲れがたまってくると、集中力がなくなる。集中力がなくなるとカンも鈍る。

カープにとってうれしい誤算はもうひとつある。長島、長内といった若手の伸びである。これには私だけでなく球団首脳も驚いたのではないか。ハデさはないが玄人ウケする選手に育った。カープは今年、フィルキンスとアイルランドの両外国人を取ったが、この両名、ともにたいした活躍をしていない。ここが大きい。仮に外野手のフィルキンスがすごい選手だったとしよう。すると、長島のような一軍半の選手は最初からあきらめてしまう。打球の速さを目のあたりにしただけで闘争心がなえるのだ。その意味ではカープはいい外国人を選んだ。長島は新しい助っ人を見て、これならやれると、快哉を叫んだはずだ。このあたり、いささか入り組んではいるがカープに奇妙なツキを感じる。

ジャイアンツの中では、王が早くから「広島が不気味だ」といっていた。いくら王でも、ダメ外国人のおかげで若手が伸びるという筋書きまでは予想できなかったろうが、現場の皮膚感覚がなにかを教えたのかもしれない。気になったので王に尋ねてみた。す

カープナインの殊勲打ベスト8

	先制打	同点打	勝越打	逆転打	計
山本	9	4	3	0	16
衣笠	2	4	1	3	10
高橋	2	2	4	1	9
加藤	3	1	1	3	8
長内	3	0	1	1	5
長島	1	0	2	1	4
達川	2	1	1	0	4
木下	2	0	0	0	2

（7月3日現在）

ると王は、

「広島だってつらいはずだ。当分、膠着状態が続くでしょう。根気の勝負ですよ」

といった。現場の人間は弱音を吐けない。吐けるのはエンドマークがちらついたときだけだ。そう考えると、王の発言も古葉のコメント同様、素直には受けとれない。むしろ、精いっぱいの虚勢と考えたほうが当たっているのではないか。

広島と違って巨人には選手の中に牽引車がいない。苦しいときにベンチで叱咤できる人がいない。原や中畑はまだとてもその任ではないし、首脳陣がいったのでは「あいつは管理職だから」と、シラけてしまう。それだけに、王の「つらさ」はひとしおだろう。もっとも、その分、セ・リーグが面白くなったのだけれど……。

（83・7・15）

ケガという名のチョンボ

盗塁の評価が日本では相変わらず低い。福本が世界新記録を達成したが、彼への称賛は記録の価値に比べてそんなに高いものではなかった。もっと大騒ぎしていい金字塔だと、私は思う。その地味な分野で福本を継ぐ男が現れた。近鉄の大石大二郎である。近い将来、セの松本とともに足技の世界の双壁となる逸材だ。

アマチュアの世界では一年乞食、二年平民、三年王様などといって、先輩後輩のケジメがしっかりしている。そこへいくとプロは違う。みんながみんなお山の大将の気でいるから、若いくせに挨拶ひとつしない選手がいる。先輩を呼びすてにする豪傑も少なくない。江夏がそうだった。年上の田淵をつかまえて、

「オー、ブチ」

とやる。ドカベンも、そう親しくもない先輩を名字でなく名前で呼ぶ。私が相手なら、

「あのぉ、ちょっと、かつやさん、そこのミット、とってくれへん」

こんな具合だろうか。彼はこれで一時、ずいぶん、ひんしゅくを買った。

それに比べ、大石大二郎は正反対の挨拶魔である。球場の入り口でチームメートと会ったとする。まず、そこで「おはようございます」と一回、次いでトイレ、ロッカールーム、通路と、出会うたびに繰り返す。全部、同じ人物に対してである。さすがに度重なると、相手も、

「さっき、してもろた」

と苦笑せざるを得ない。

去年、新人王をとったとき、お祝い品を関係者に配った。ふつうなら球団の人に配付を頼んでしまうところだが、彼は一人ひとりにお礼をいって回った。それが評判を呼び、いつのまにか、

「大石は試合前、記者席にやってきて、みんなに挨拶をする」

といった、いかにも挨拶魔にふさわしい伝説まで生まれた。ここまでくると、妙におもねった感じがして嫌みにとられるものだが、大石にはそれがない。高校野球のクリクリ坊主がプロに紛れこんだような雰囲気がある。

あの江夏も打席で黙礼されたらしく、

「憎めんね、アイツは」

と、いっている。得な男だ。広岡さんに会ったとき、好きな選手を一人やるといわれたらだれが欲しいか、と尋ねたことがある。すると広岡さんは即座に、

「大石がいいね。彼がひとり加入しただけで、チームはずいぶん変わるよ」

と答えた。辛辣で鳴る広岡さんにしては珍しくベタボメだった。それをこんどは大石に伝えると、

「ボクは引退するまで近鉄でやるつもりですから……」

と、関口監督以下首脳陣が涙しそうな優等生的答えが返ってきた。真面目人間が好きな広岡さんは、これでかえって彼への思いを募らせるのではないか。

野球で、計算が可能なものは守りと走塁である。バッティングは好投手にかかると、うってかわって違う顔を見せる。いまひとつ信用がおけない。大石はバッティングもいいが、守備と走塁が群を抜いている。広岡さんが買う理由もそこにある。

現役時代、私をいちばん悩ませたのは福本の足である。彼が出塁すると、二塁打を打たれたのと同じだった。フォアボールでも与えようものなら、すかさず二塁を奪う。次の打者はバントで三塁へ送る。外野フライで楽に一点とられてしまう。こんな腹だたしい話はない。それでいて封じるための妙手はないとくる。福本のワラ人形に五寸クギを

ブチこみたい気持ちになったものだ。

ベースとベースの間は二七・四三メートル、足の速い人はこの間をだいたい三秒で走る。ピッチャーがモーションを起こしてボールがキャッチャーミットに収まるまでにざっと二・七、八秒かかる。となると、盗塁を阻止するためにキャッチャーに残された時間はわずか〇・二秒ないし〇・三秒である。これではどんな強肩キャッチャーでも刺せまい。私は福本に百以上も盗塁を許した。今でも内心忸怩《じくじ》たるものがあるが、いつだったか、彼から、

「ノムさん、盗塁はキャッチャーのせいじゃないもの」

といわれ、胸のつかえがおりた覚えがある。福本の好調時の盗塁成功率は八割を超す。失敗した残りの二割はピッチャーのフォームを盗みそこなって、キャッチャーの持ち時間が余分にあったときである。

その福本に最近、かげりが見える。去年は二位の大石に七個の差をつけ盗塁王に輝いたが、今年は二十八個（七月九日現在）の大石に一個だけ先んじられている。成功数だけならともかく、失敗の数が多い。成功率も七割三分に落ちこんだ。私は一流ランナーの基準を成功率八割におく。八割ランナーは打者なら三割バッターにあたる。その考え方でいくと現在の福本は二割七、八分程度のバッターということになろうか。それに三

盗が減っているのも気になる。三盗はショートとセカンドのどちらが、いつ、セカンドベースに入るか、しょっちゅう、気を配らなければならない。二遊間、投手、捕手の間でひんぱんにサインが出されているので油断できない。それをかいくぐって走ったとしても、三塁は二塁に比べキャッチャーから近い。送球も短くてすむ。よほどランナーに自信がないと成功しない。去年、福本は十二の三盗をきめた。大石は五つにすぎなかった。それが今年は今のところ、福本の五つに対し、大石は七つ。ここでも大石に分がある。

単に足の速い選手というだけなら何人もいる。しかし、俊足が即盗塁に結びつくわけではない。さっきも触れたように、盗塁はピッチャーのモーションを盗む技術のことである。かけっこではない。それだけにピッチャーのクセを見抜く研究心が欠かせない。福本は友人に頼んで各投手のフォームをビデオに収め、細かく分析していた。だからこそ長いあいだ、ライバルをハネのけてこれた。

大石はそんな福本をかなり意識している。まだ、福本ほど情報の蓄積はないだろうが、同じようにビデオを使い、クセを盗もうと躍起らしい。真面目な男だけに相当、いれこんでいると聞いた。福本二世の資格は十分といえるだろう。今年あたり、そろそろ世代交代の時期かもしれない。

一芸に秀でた人間は往々にして個性的である。福本もそうだ。彼ほどの足があれば、ドラッグバントをすればかなり打率を稼げる。あるとき、私がそういったら福本は、

「アレは卑怯だからイヤです」

と何の興味も示さなかった。強烈な自意識がそれを許さないのだ。

一方、大石は健康、真面目、努力を地でいく。常識家として三拍子そろっている。福本のような人格的個性には乏しい。そのかわり技術者として徹底している。チームのためになるならドラッグバントもいとわない。仕事もできるがアクも強い、というタイプを福本だとすれば、大石は人もいいし、仕事もできる。就職試験で真っ先に二重丸がつくタイプだろう。広岡さんならずとも、ノドから手が出そうになる。

最近の選手はすぐ、体の具合が悪くなる。「足をケガした」とか「腰が重い」と訴える。それはいいとしても不思議に思うのは、足を痛めた選手がわずか一日休んだだけですぐ出てくることだ。ふつう、ケガといったら最低でも四、五日欠場しなければ治らない。こんなに早く快復するのではケガ以前の問題としか思えない。私はケガではなく「ホリデー」だと受けとっている。大石はそんな風潮に逆らうように弱音を吐かない。

「ケガというのはチョンボと同じです」

と嬉しいことをいう。この五月、重い結膜炎にかかり、目がかすんで見えなかった。

なのに黙って出場した。先日も阪急戦で左腕にデッドボールを受けたが、湿布をすると口笛を吹きながらグラウンドに飛び出していった。

スポーツ新聞の記者たちは怠慢プレーを見るたびに、

「大石のツメのアカでも煎じて飲ませたい」

といいあっている。もっとも、大石のアカだけでまかなえるかどうか。両リーグの分となると、はなはだ心もとないのではないか。

（83・7・22）

「私は彼のほうがいいと思うが、決めるのはボス、あなただ」

監督はピッチャーの起用法、なかでも交代時期の決断にいちばん、頭を使う。交代のやり方をじっくり観察していれば、おのずとその監督の個性も分かる。名将か、凡将かの、おおよその見当もつく。いつだったか、藤田監督と会ったとき話題がそこにいった。すると彼は、

「先発ピッチャーを、そう簡単に代えるべきじゃない。信頼して送り出しているんだからね」

といった。投手族は驚くほどプライドが高い。いったんマウンドに上がったらテコでも降りたくない。投手型人間の典型、近鉄の鈴木啓ならずとも、みんなそう思っている。さすがに投手出身だけあって、藤田式起用法はそのあたりの機微を心得ている。前半に少々、点を取られても、よく耐える。

どの監督も交代に関する自分なりの原則を持っている。たとえば江川なら五点まで、西本なら四点までガマンしよう、という大ざっぱな心づもりがある。そのうえに味方打線の調子や相手投手の出来不出来といった要素が加わる。原則といっても、だからひとおりではない。状況の変化によって、イニングごとにガマンの限界は伸びたり縮んだりする。

七月十四日の対阪神戦。藤田監督は八回裏一死一、二塁のピンチを迎えたところで、マウンドの西本のところにいった。得点は5対3。巨人の二点リードだったが、次のバッターはバース、掛布。一発出れば逆転の憂き目に遭う。マウンド上でこのとき二人は、ふたことみこと言葉を交わした。おそらく責任感の強い西本は「投げさせて下さい」と懇願したと思う。一方の藤田監督は角への交代を考えていたにちがいない。マウンドには西本を説得にいったのだろう。結果はしかし、監督が折れた。そして続投は裏目に出た。角へのスイッチがワンポイント遅れ、巨人は惨めなサヨナラ負けを食らう。翌日の新聞は藤田監督の不決断を責めたてたが、私はそうは思わない。一敗地にまみれたとはいえ、西本は監督の信頼を心に刻んだはずだ。次の登板で必ずそれが生きてくる。ピッチャー交代の原則にもう一項目、加えるとしたら、こうした人間関係である。「情の世界」といいかえてもいいかもしれない。長いシーズンを考えた場合、これが案外に、あとになって効く。

もっとも、阪神戦でこそ片鱗をうかがわせたが、藤田監督の信頼とガマンの投手起用も、実はこのところ崩れっぱなしだ。開幕から六月三日までジャイアンツ投手陣は十六回も完投している。が、それ以降はわずか六回に激減する。これは監督自身のガマンの哲学が揺らいできた証拠だ。いったん切れた堪忍袋の緒はなかなかつくろいにくい。投手たちはいつ代えられるかと、びくつくようになる。集中心を欠くから打たれる。精神的な不安定感はやがて体調をも崩す。すべてが悪いほうへと傾斜していく。それが現在の巨人の姿だ。去年まではそれでも江川がしっかりしていたから三連敗の心配はなかった。しかし、今年は肝心のご本尊が頼りにならない。

私の故郷では、手も足も出ないというとき、「タコになる」という。高校時代、野球に明け暮れていた私は試験になると、よくヤマを張った。とくに世界史は範囲が広く、とても全部に目を通せなかったから、いくつかにしぼり一夜漬けで暗記した。ところが、三年の期末では、まったくヤマがはずれた。仕方なく私は答案にタコの絵を描いて出した。あとでこっぴどく怒られた思い出がある。プロに入って、タコの思いを味わわされたのは鉄腕稲尾に出会ったときだ。彼が出てくると、チーム全体があきらめムードになった。こういう相手にぶつかると監督は手の打ちようがない。江川を見たとき、私は久しぶりにタコの気分を思い出した。それほど彼は資質に恵まれている。巨人の顔といっていいだろう。なのに江川はその自覚がない。ちっぽけな責任感しか持ち合わせていないように見える。

私は仮定形で話すのが嫌いだ。努めて避けるようにしている。しかし、こと江川に関してはその禁を破りたい。

「もし、私が巨人の監督だったら彼をハリ倒してやる」

考えてみたら、そんな衝動にかられたのは今年がはじめてではない。去年もあった。確か、以前にも書いた覚えがある。藤田監督がノックアウト続きの江川を叱りつけたらしいが、気持ちは察してあまりある。しかも、どこを見回しても今の不振を打開できる人間は彼をおいていない。それだけに首脳陣の切歯扼腕《せっしやくわん》ぶりはとどまるところを知らないのではないか。

ジャイアンツを競馬にたとえれば、典型的な先行逃げ切り型だと思う。七回までリードしているゲームの成績は三十七勝一敗（七月十七日現在）と他を寄せつけない。このデータをもう少し掘り下げると巨人の攻撃の特徴をつかむことができる。

次の表を見ていただきたい。ジャイアンツの得点は初回に集中している。残りは九回を除けば三十点台にすぎない。点の入りやすい中盤から後半にかけてもたいした得点を

巨人のイニングごとの得点数累計（7月13日現在）

イニング	1	2	3	4	5	6	7	8	9	延長
点　　数	62	35	31	31	31	38	32	38	26	3

していない。これは松本、篠塚の活躍によるところが大きい。初回にあげた得点を優秀な投手陣が守り抜く。七回からは角が出てくる。これが巨人に勝ち星をもたらしてきた。なのに、不振になってからの巨人首脳陣の二人に対する処遇はいただけない。

ヤクルトとの十回戦で六回、篠塚のところに島貫がピンチヒッターに出た。同じく九回にはこの回の先頭打者松本に代わって平田がバッターボックスに立った。確かに二人ともいい状態ではない。松本は連続ノーヒットの迷路にはまりこんでいた。篠塚も好調のバロメーターになるレフト方面へのヒットが途絶えている。試合も負けの気配が濃厚だった。しかし、だからといって代えることはない。この二人はれっきとしたレギュラーではないか。レギュラーは四打席全体を通して自分のバッティングを考える。三打席ヒットがなければ四打席目にはなんとかしようと工夫をこらす。工夫し、苦しんでこそ、さらに安定感のある選手に育つ。

なるほど相手のピッチャーは左腕の梶間だった。左対左の不利を回避した、ということもできないことはない。けれど、それは代打に立ったバッターが二人より格上の場合だろう。こういう仕打ちを受けると選手

は心の底で、

「オレの出ない試合なんか負ければいいんだ」

と思うようになる。プライドを傷つけられるからだ。サラリーマン社会でも同じではないか。一流選手であればあるほどその気持ちは強い。人間の絆は固いようでもろい。小さな不信がやがてぬぐいがたい大きさにふくれあがる。わだかまりは誤解を生み、誤解は新たな不信を呼ぶ。ドン底のときこそそうした点に気を配らなければならない。

三人寄れば文殊《もんじゅ》の知恵という。トロイカ体制はいいときは文殊になりうる。多少の失敗や食い違いがあっても余裕があるから大目に見れる。しかし、負け続けて苦しくなると、この関係は往々にして霧散する。船頭多くして船山に登ることになりがちだ。いがみ合いに発展することもある。南海の監督をしていたころ、ヘッドコーチのブレイザーがよくアドバイスをしてくれた。ピンチヒッターの人選や投手交代で迷っているとき、彼の忠告は役に立った。ブレイザーはしかし忠告の際、必ず、

「私は彼のほうがいいと思うが、決めるのはボス、あなただ」

と付け加えた。

有益だったこともあるが同時に、聞きいれたがために失敗したこともあった。そんなときは自分をなじったものだ。自分を責めるだけならいいが、いつかそれが忠告者に向

けられかねない。とくにトロイカ体制のような場合はなおさらだと思う。ブレイザーは人間を知りつくした男だった。

巨人のメンバーをみると優等生が目立つ。クセ者がいない。一昨年のように先行逃げ切りがスムーズにいくときは優等生ぞろいでもいいが、追いつめられ、逆境に立たされるともろい。中日に逆転された去年がいい例だろう。クセ者といわれる連中はここ一番というときに実力以上の力を出す。火事場のバカ力である。昔、南海に杉山光平という選手がいた。杉山はランナーがいないと三球で三振してしまう。が、勝ち越しの走者が三塁にいるようなチャンスでは、確実に深い外野フライを打ちあげてくれた。そして、ニヤッと笑う。ハナから個人記録には興味がない。こういう選手が一人でもいるとチームに粘りが出てくる。一度はくじけてもすぐ元に戻れる。

こう書くと、V9時代も優等生ぞろいではないか、と、いいたい人がいるかもしれない。だが、長嶋も王もああみえて、ずいぶん、ハメをはずして遊んだ。遊びつつ戦った。のっぺらぼうの今の選手とは違う、クセ者的天才だった。天才の光源が強すぎてクセ者の三文字が見えなかっただけだ。

(83・7・29)

専門職が求められている

最多セーブ投手という表彰制度ができて今年で十年。その間、この分野では江夏が縦横無尽の活躍をし、新しい世界を切り開いてみせ、ストッパー王の名をほしいままにした。ところが今年はちょっと様相が違う。西武の森繁和が名乗りをあげたからだ。もっとも過酷な職場で働く男たちの争いは、火の消えかけたパ・リーグを熱くするに違いない。


このあいだ、別所毅彦さんがテレビ解説で、

「投手はやはり先発完投ですよ。継投もいいけど、もう一度、昔にかえってみたらどうでしょう」

と、話していた。たしか、巨人—広島戦で大野が完封したときだと思う。その前日にも津田が完投して勝っている。先発完投を旨とする往年の大投手としては、二夜連続の

完投勝利を目のあたりにして気分がたかぶったのだろう。いかにもうれしそうなしゃべり方だった。

私が現役だったころ、バッターは練習で一日十本も打てればいいほうだった。それが今では高性能ピッチングマシンのおかげで何百本でも打てる。加えて飛ぶボールに飛ぶバットだ。ビデオだってある。これで投球フォームを研究されたら、たいていのピッチャーはクセの一つや二つ、かぎつけられてしまう。打撃理論のごときは百家争鳴のにぎやかさである。傑出したバッターは今も昔も数の上では、そう変わらないが、中級のレベルはずいぶん向上した。打撃部門の平均点は昔よりずっと高くなっているはずだ。

一方、ピッチャーの側の技術革新はどうかというと、めぼしいものはほとんどない。相変わらずの手工業である。これではオートメ化の進んだバッター陣にとても対抗できない。どうしても一人分のイニングを短くして、それぞれが力を集中発揮する必要がある。足りないぶんは人の運用でやっていくしかない。別所さんの懐古趣味は分からないではないが、現実はどんどん進んでいる。先発、中継ぎ、抑えといったピッチャーの分業制は、今後ますますさかんになるだろう。近い将来、ピッチャーという総称はなくなり「ファースト・ストッパー」、とか「ストッパーエース」とか、野手並みに担当部門別の呼び方をされる時代がくるかもしれない。

なるほど、古き良き時代の野球はエースともなれば完投した。だが、そのエースが早いイニングにコケればもう終わりで、野球が大味だった。今の野球はそれに比べればずっと細かい。先発が崩れても中継ぎがうまくしのげば追いつくチャンスはある。そして追いついたところでストッパーの登場となる。香辛料や隠し味が至るところに仕込まれている。分業化は時代の要請といっても差しつかえない。

投手族はどういうわけか、先発完投に固執する。近代野球の流れなんて関係ない、オレは最後まで投げる。こんな手合いが実に多い。江夏がそうだった。彼が南海の一員になった昭和五十一年、私はひと目みて先発は無理と判断した。左肩痛と血行障害が持病となり、六十球以上投げると極端にスピードが落ちたからだ。が、その範囲内であれば素晴らしいボールを投げる。それにコントロールの良さ、バッターの心理を読む眼力、勝負度胸などはまだまだ超一流だった。この財産を生かさない手はない。

そこで私は江夏に、

「ストッパーとしてどうだ」

と持ちかけてみた。ところが、江夏は、

「ワシ、太く短くでええから」

と、いっこうに乗ってこない。先発完投への未練を断ち切れなかったのだ。私はしかし、あきらめなかった。当時、江夏が私の隣のマンションに住んでいたこともあって、顔を合わす機会が多かった。会えば必ず「転向」の話をした。

「お前なら、リリーフの世界を変えることができる。専門職を確立したらどうや」

このひとことを口にしたとき、迷惑そうな顔をしていた江夏は初めて目を輝かせた。そして、

「革命ですか」

と、何回もつぶやいた。説得はようやく終わった。江夏がうなずくまでに結局一年を要した。

西武の森繁和も江夏に似たところがある。去年、途中からストッパーとして使われるようになったが、内心は面白くなかったらしい。親しい人たちに、

「やれといわれればやるが、自分はまだ若い。これからは先発をやってみたい」

ともらしている。もっともあそこには広岡さんがいる。この人は辛辣居士でありながら、なかなか人の心をつかむのがうまい。シーズンオフの契約更改で、森に対する提示額が予想より低かった。それを聞いた広岡さんは、

「もっとやっていい。それだけの働きはしてくれた」

と、記者連の前でさりげなくつぶやいている。つぶやきは人の口を介してやがて本人

に伝わる。森のような意気に感ずる、といったタイプはこういうひとことに弱い。気構えが違ってくる。

今シーズンのキャンプでは江夏や斉藤明夫の調整方法をいろんな人たちに聞いて回った。とくに江夏のスローペース調整には得るところがあったらしく、彼も開幕に照準を合わせた調整を実行した。これには広岡さんも首をかしげ、ふたことみことといったようだが、頑として受けつけなかった。自分を押し通すところなんぞ、どうしてなかなかのサムライぶりである。さすがに江夏を目標にするだけのことはある。

五十四年、私はライオンズのフロリダキャンプに一捕手として参加した。そのとき森の球を受けて、オヤッと思った。カーブが実にいい。右バッターの顔の近くにやってきて、スッとストライクゾーンに入ってくる。バッターはぶつかりそうな錯覚にとらわれ、思わず身を引く。大リーガーとの練習試合でも十分、通用した。昔、南海でバッテリーを組んでいた杉浦がやはりこんな球を投げた。カーブだけなら杉浦に負けないものを持っている。ただ、受けていて、まだそれほど一球の意味を考えているとは思えない。サインに対してときどき首を振ったが、考え抜いた末の「ノー」ではなく、「なんとなくいやだ」といっているような気がした。

森はカーブのほか、ストレート、スライダー、シュート、パームボールと多彩な球種を誇る。しかし、カーブ以外は平均点を上回るものの、決定的な力にはなりえない。それだけに今後は投球術をもっと学ぶ必要がある。そんな森が、セーブ数で江夏と並んでいる最大の理由はやはり広岡さんの使い方だと思う。去年までは中継ぎ兼務だったから、中盤から後半にかけて何回も肩をつくった。ゲームの展開を見ながら準備をしたり、中断したりの連続だから精神的にも相当疲れたはずだ。今年はそれがなくなった。森の今シーズンの登板パターンを振り返ってみると、後半の二イニングというのがいちばん多い。つまり、本当に大事な場面だけに出てくる。森もそのあたりの呼吸がのみこめてきたと思う。広岡さんの気持ちも読めるようになったのではないか。これは大きい。

ストッパーの使い方はなかなか難しい。とくに江夏のようなプライドの高い男がその任にあるときはなおさらである。どうしても連投になるから、監督としては出さなくてすむなら出したくない。なるべく温存して次のゲームに備えたいと考える。そうこうするうちにやられてしまう。そんなときの江夏のふくれっ面ったらなかった。こちらとしては内心忸怩たるものがあるから、なんとなく居心地が悪い。それに気分を悪くされても困る。両者の息が合うか合わないか、というところがチームの成績にも大きく響く。

さて、肝心のセーブ王の行方だが、これも監督の使い方ひとつだろう。森の場合、優勝がかかっているから、当然、張り切る。それに今のライオンズの調子ではこれからもかなり勝ち星をあげそうだ。となると森の出番もふえ、セーブポイントをあげるチャンスは多くなる。ただ問題は優勝したあとで、広岡さんがタイトルをとらせるためにあえて森の出番をつくるかどうかだ。元来、そうしたことの嫌いな人だけに微妙だと思う。

その点、大沢監督は違う。優勝が決まってしまえば、あとは選手に個人タイトルを狙わせるのにやぶさかではない。江夏をドンドン使うのではないか。しかし、超個性派の江夏がそれでは納得しないだろう。彼のことだから、無愛想なカオで、

「もうエエワ」

とやりそうな気がする。その意味では江夏のタイトル如何《いかん》は大沢監督の持ちかけ方ひとつにかかっている。

「セーブ王、狙ってみるか。どうだ」

こういう言い方をしたらまずダメだろう。十中八九《じっちゅうはっく》、タイトルは森の手に落ちる。私ならこういう。

「ウチはなにがなんでもAクラスに入らにゃいかん。一緒にがんばろやないか」

おそらく江夏は、

「よっしゃ」

とくる。彼が燃えたら、まだ力は森の比ではない。江夏の六度目のセーブ王は揺るが

ないと思う。

それにしてもストッパーに対する球界の評価は低い。あの名球会にしても投手部門では二百勝投手という基準しか置いていない。今のように中四日とか五日もあけて投げる先発に比べれば、ストッパーたちの気苦労は何倍か知れない。貢献度も段違いだ。なのにこの分野での名球会入りは道が閉ざされている。いつだったか、名球会の集まりで私がそのことをいったら、あるメンバーが、

「あんまり多くなってもな」

と、のたまわった。ほかのピッチャー連も気乗り薄だった。ここにも先発完投至上主義が生きている。私はそれを大投手自意識過剰症候群と名づけている。

（83・8・12）

「ガイジン・ストライク」

巨人の助っ人スミスが日本のストライクゾーンに悩んでいる。七月三十日の広島戦では大野の外角高めの球をストライクにとられ、怒りが爆発、広島球場のロッカールームの仕切り板をバットで叩き割った。

鬱屈はそれでも晴れないらしく、続く阪神戦も欠場した。ヤクルト戦では決勝のホームランを打って、なんとか面目をほどこしたが、症状は思いのほか、重いようだ。

外国人選手が来日して真っ先に覚える言葉が三つある。「バカ」「スケベ」、それに「ガイジン」である。前の二つは万国共通というか、男社会であってみればさもありなんと思う。だが、最後の「ガイジン」には首をかしげる方もあるのではないか。

彼らが「ワタシ、ガイジン」というときはえてして、心の状態がよろしくない。不快な気分を味わっているときである。表面はおだやかに見えてもどこかで波が騒いでいる。

異国で孤立感に襲われたり、差別を感じたり、そこからくる漠然とした不安とか、いろんなものがないまぜになって、その言葉が吐き出される。

赤鬼といわれたマニエルは陽気な男だ。ふだんはベンチで人をよく笑わせる。

「ボク、変なガイジン」

というのがオハコだった。しかし、内心は複雑だったと思う。その証拠に歯はみせても、目は笑っていなかった。バッターボックスでは、自分の気持ちをもっとストレートに出した。自信を持って見送ったボールをストライクと判定されたとき、マニエルはそれこそ赤鬼になった。

「王、ボール、ミー、ストライク。ガイジン・ストライク?」

あちらのプレーヤーたちが一様に「ガイジン」という言葉を覚えるのは、こうした経験がたび重なるからでもある。

プロ野球界だけでなく、「ガイジン」という言葉は「英語」として広く使われだし、まもなく英語の辞書にも登場しそうな勢いだという。外国人にしてみれば、最も嫌いな言葉に属するというから、結構な流行とはとてもいえないだろう。

確かに日米のストライクゾーンの差は小さくない。アメリカはコーナーに辛く、高低に甘い。とくに低めは大甘である。日本よりボール二つ分ぐらい低くてもストライクにとる。外国人選手にローボールヒッターが多いのもそのへんに理由がある。しかし、日本にやってくる外国人はそんなことは来日前から百も承知している。昭和十二年から現在まで二百三十六人の外国人選手が来ているが、初期のころはともかく今どきの選手は知らないほうがおかしい。日本の情報はかなり行き届いている。

スミスも、もちろん知っていたはずだ。宮崎キャンプで、首脳陣とにらめっこでストライクゾーンの研究をしていた。といっても一朝一夕に覚えられるものではない。頭では分かっても体がついていかない。それは分かる。マニエルにしたって慣れるのに一年以上かかった。けれど、それを理由にしてあたりちらしたり、ふてくされるのではまわりがたまらない。

問題のシーンを私は記者席から見ていた。2―1からの四球目、外角の高めだった。主審はちゅうちょなくストライクを宣告した。ごく当たり前の、疑いようのないジャッジだと思った。なのにスミスは首をかしげ、ほおをふくらませている。ブツブツなにか不満を口にしている。ブツブツは守備につくまで続いた。おそらく、スミスは見逃してからしまったと思ったに違いない。

分かっていたはずだ。が、今の彼はそれについていけない。非常なジレンマにある。ましてや彼は大リーグで実績も残している。当然プライドも高い。日本の野球ごとき、という気で来ているだろう。なのに打てない。これでは心の安定が保てない。だれかのせいにしなければならない。つまり犯人探しだ。となると行きつく先はひとつしかない。「ガイジン・ストライク」である。

外国人選手にもいろんなタイプがある。明るいの、暗いの、あわてもの、慢性アルコール中毒、泣き上戸、性格破綻者……。まあ、日本人とそう変わりはない。スミスはトラブルメーカーといわれていた。それを耳にしたとき、私は以前、巨人にいた激情家《クレージー》ライトを思い出した。そして、あんなタイプかもしれないとひとり思い描いていた。しかし、初めて見たスミスは予想に反して、紳士然としている。王に「やっこさん、どう」と水を向けてみたところ、

「いや、すごく熱心だよ。夜の特訓も欠かさないしね。あちらから、やらせてほしいといってくるもの」

といっていた。今回の事件を見ていると、スミスは精神的に弱いところがある。考えこんで自分の穴に落ちこんでしまう。ネクラなのである。トラブルメーカーといっても心にもめごとの種をもっているタイプだ。発散できる性格ではないから、落ちこむと回復までに時間がかかる。

南海の監督時代、パーカーという白人外野手をとった。大リーグでゴールドグラブ賞

を獲得したこともある名選手だった。ところが、この選手がたいへんな難物で往生した。ちょっとスランプになったり、思うにまかせないことがあると泣きをいれてくる。大の男なのに乳母《おんば》日傘で育てなければならなかった。お守り役をヘッドコーチだったブレイザーに頼んだのだが、しまいにはブレイザーが、

「ボス、もうパーカーのお守りはご免だ」

といい出した。聞けば、そのひ弱さは相当なものである。第一打席に凡打したとすると、次の打席の前に、

「今度は大丈夫だ。いい振りをしているぞ」

と、いい聞かせて、背中をさすってやる。毎回、毎回、これが続く。こんどはこちらがブレイザーの悩みを聞いてやらなければならない。それに、パーカーは野球選手に似合わないナヨナヨした歩き方をしていた。その道の趣味もあるいはあったのかもしれない。それならブレイザーのいやがりようも納得がいく。パーカーはその年、なんとか三割を打ったが一年かぎりでお引きとり願った。


趣味こそ違え、スミスもパーカーに似たタイプではないか。とすればやはりお守り役がいる。ストライクゾーンの問題にしても王が、

「だれもが悩んだんだ、次第に慣れるよ」

という程度では、この種の人間は納得しない。兄になる人が要る。カープと熾烈な首位争いをしている今ごろになって面倒なことだが、スミスを立ち直らせるには精神的なよりどころを与えてやることだ。手数がかかるがこれしか手がなかろう。

ストライクゾーンの話のついでに、「ガイジン・ストライク」が本当にあるかどうかに触れたい。結論からいうとノーである。なるほど、審判によってストライクの範囲に若干の個性はある。けれどそれは外国人ゆえの差別ではない。日本人も外国人も誤差は平等である。私が南海でキャッチャーをしていたころ、田川豊さんという審判がいた。この人は外国人にすさまじい敵愾心を抱いていた。マスクごしに聞き耳を立てていると、「毛唐め、お前なんかに負けないぞ。負けてたまるか」と、人が聞いたらビックリするようなことをつぶやいている。その言葉どおり、ちょっと甘いかなと思っても、「ストライーク！」と大声をあげる。さすがに外国人選手もかみついてくる。阪急にいたスペンサーなんか、ものすごい形相で抗議をした。ふつうの審判ならたじろぐところだが、田川さんは負けないぐらいの大声で「ストライク！」ともう一度やり返す。例外といえばこの人ひとりだけだろう。田川さんは戦争体験者だった。

ことプロ野球に関して、日本は外国人天国といわれる。たいした調査もしないで、相手の売り込みを鵜のみにしてすぐ大枚をはたく。ババを引かされたのも知らず、景気のいい公約にヌカ喜びをするとんでもないお人好しだ。これまで来た外国人全員に支払った費用はひとりあたり二千五百万円と見積もると、ざっと五十九億円にもなる。それでいて、タイトルを手にしたのはわずか十一人にすぎない。舶来の有名ブランドのニセ物を作るのは日本人の得意とするところだが、大リーガー印にも最近はニセ物やキズ物が多い。肝に銘ずべきときではないか。

先日、テレビの仕事で慶応大学の池井優《いけいまさる》教授と話をした。教授はたいへんな大リーグ通で、日本にきた外国人選手との親交も深い。教授によると、南海時代、私と一緒にプレーをしたハドリは日本でためた金で保険会社の株を買い、共同経営者になっている、という。

同じく阪神で活躍したバッキーは故郷に牧場を買ったそうだ。新しいところでは日本ハムのソレイタがロサンゼルス郊外にプール付きの豪邸を建てた。リー兄弟も粗末なアパート暮らしだった父母のために家をプレゼントしている。いずれもアメリカにとどまっていたらこうはいかなかっただろう。向こうでは名もなく貧しい連中である。

それにひきかえスミスは本国で功成り名を遂げた。おかげで日本での契約金は一億とも二億ともいわれる。今後、何本ホームランを打つかは〝心身症〟の快復次第だが、契約金が仮に一億円だとすると、三十本打ったとしても一本あたりの値段は三百万円を下らない。二億だとその倍である。

金のことをいうのはなんだかいじましいが、スミスよ、ノイローゼ気味だなんていわないでもらいたい。それではハドリやバッキーが泣こうというものだ。

（83・8・19）

「大投手」になるか、「中投手」になるか

スライダーは実に人間的なボールだ。早く覚えられ、しかも効果てきめんだから、みんなが手を出す。しかし、そのあとが怖い。とくに本格派は持ち前の速球の力を失う。「覚醒剤やめますか、それとも人間やめますか」というキャンペーン広告があったが、こちらもとりつかれると本格派やめますか、という始末になりかねない。槙原がいま、岐路に立たされている。

柄にもなく夏風邪をひいた。広岡さんが効果的な風邪の治療法を知っている、と聞いたので早速、電話をして尋ねてみた。奥さんが懇切丁寧に広岡家伝来の方法を教授してくれた。まず、ドンブリ一杯分のダイコンおろしを用意する。それにショウガとみじん切りにした長ネギをぶちこむ。ショウガはもちろんすりおろしたものである。量は適当でいい。万事整ったらその上に熱湯を注ぐ。熱いうちにフウフウいいながら飲みこむと

汗が噴き出して、体がずっと楽になる。

今ふうに抗生物質に頼らないところがいかにも自然派の広岡さんらしい。こうした民間療法は現代医学に比べ即効性は薄いが、何回も繰り返していると体の奥のほうからジワジワ効いてくる。ちょっと漢方に似ている。体にはこのほうがいいと思う。

しかし、世は即効性を求めてやまない。野球でもそれは同じだ。とくに本格派のピッチャーが自分の速球に自信がなくなったとき、必ず手を出す「薬」がある。スライダーである。これは確かに効くのが速い。本格派といえばふつうストレートとカーブを武器とする。そこに小さく鋭く曲がるスライダーが加われば相手も戸惑う。本人もピッチングの幅が広がったような気になる。それに投げ方も難しくない。直球の握りにちょっとひねりを加えればすむ。楽をして効果抜群というのだから現代気質にはうってつけだ。

昭和五十年の日本シリーズで阪急の山口高志がほれぼれするピッチングをした。曲者ぞろいのカープ打線をストレート一本でねじ伏せたのだ。その山口がいつの間にかスライダーを投げるようになった。なるほど使いはじめて一年間は効果を発揮したが、翌年はほとんど役に立たなかった。それどころか彼の持ち味であるストレートの威力を半減させた。最近では中日の小松もこの薬に手を出し、速球の力をなくしている。

スライダーではないが、南海時代、私とバッテリーを組んでいた杉浦が似た症状に陥ったことがある。当時、杉浦は押しも押されもせぬ速球派だった。ストレートと大きなカーブでバッターを牛耳ってきた。その彼があるとき、

「シンカーを投げたい」

といい出した。不思議に思って真意をただしてみると、

「皆川のようにやりたい」

という。皆川は南海のチームメートで杉浦同様下手から投げる。揺さぶりを得意とする技巧派で、変化球は多彩だった。なかでもシンカーはよくきまった。バッターがおもしろいようにひっかかる。直球の後にシンカーをほうれば二、三球で打者を内野ゴロに打ち取れた。それに比べると杉浦のほうはずっときつい。彼の速球は手元でホップする。ホップするからバッターはその分だけボールの下をたたく。するとそのボールはファウルチップになりバックネットにドスンと突きささる。投げても投げても打球が前に飛んでこない。こんなとき杉浦はマウンド上でウンザリした顔をした。皆川のようにシンカーがあればわずかな球数でバッターを料理できる。シンカーを覚えたいという杉浦の動機はここにあった。

私は「やめたほうがいいぞ」といったのだが、彼は誘惑に勝てずつい手を出した。山口と同じように習いたての一年目は良かったが、二年目にはストレートがホップしなく

なり、彼が願っていたように打球が前に飛ぶようになった。しかもいい当たりばかりである。杉浦の実験は皮肉な結果に終わった。

スライダー症候群もこれとまったく同じ症状で病気が進行する。しかも悪いことに、やめる以外治療のすべがない。

直球はボールに思いっきりスピードをかける。思いっきりというからには相当エネルギーを使う。それにひきかえスライダーは、ひねる分だけ消耗が少ない。それでいてストレートに似た効果が期待できる。となれば易きに流れるのは人情である。ついスライダーを多投するようになる。そうこうするうちにストレートを投げるときの「思いっきり」を体が忘れていく。忘れなくても手首の力が衰え、勢いのいいボールを投げられなくなる。スライダーはとんだ副作用を隠している。

槙原は十年に一度の本格派といっていい。直球とドロンとしたカーブだけで十分やっていける。それなのに、このところの彼はスライダーがやけに目立つ。いつの間にか技巧派に転身してしまった。

私のスコアブックを見ると槙原がスライダーを投げはじめたのは七月になってからだ。七月十一日のヤクルト戦では七十八球のうち十二球、八月十日の大洋戦では百五球のうち二十四球と、じりじりふえてきている。四月、五月と一五〇キロのストレートで快刀乱麻を繰り返していたころはこうではなかった。本格派にふさわしい投球内容だった。

それがなぜ、こうなったかというと、やはり先輩たちがつまずいた道を歩んでいるように思われる。直球を打たれたことで、本人の心の内にオレのスピードはもう通用しない、慣れてしまったのではないか、という不安が頭をもたげる。不安は新しい球種を覚える方向に人をかりたてる。実はここが本格派として一生を全うできるかどうかの分かれ道である。二つに分かれた道の一本はスライダーへ通じ、残る一本は直球を洗い直す道へと続いている。前者をいったのが山口や小松だとすれば後者を選んだのが金《かね》やん、江夏、それに鈴木啓だろう。稲尾は賢明にも途中からスライダーを捨て、直球の道に戻ってきた。彼を長生きさせたのはひとえにこの選択のおかげだ。

往年の本格派はみんなほれぼれするフォームで投げた。小山にしても稲尾にしてもキャッチボールでもするように楽にほうった。それでいてボールは伸びてくる。そこへいくと槙原のフォームはまだまだ粗削りでぎごちない。上半身だけで投げている。地肩の強さを利用して、ちぎっては投げる。だからちょっと登板が重なるとヒジや肩に疲労がたまって速球の威力が落ちる。フォームの欠陥は投球内容にはっきり出ている。まだストレートの良かった四月二十四日のヤクルト戦。槙原は百十七球を投げて完投勝ちしているが直球の空振りは三回、バックネットへのファウルは十回と速球派にしては少ない。

バックネットに直接ぶつかるファウルはピッチャーのストレートがどのくらいホップしているか、そのバロメーターになる。

これに対し、江川はどうだろう。調子の出なかった五月二十一日のヤクルト戦を例にとると、空振り二十回、バックネットへのファウル二十三回である。確かにスピードガンがはじく速度は江川より槙原に分がある。だがストレートの本当の威力となると、まだ江川がまさる。これは投げ方が違うせいだ。フォームの良しあしがそのまま出ている。細かな技術論は避けるが、ひとことでいえば江川のほうは体全体がムチのようにしなる。柔らかいゆったりしたフォームできて、ボールを離す瞬間に力を集中する。だから球が伸びてくる。槙原はこの逆で最初からりきみかえっている。投げる前から鼻息が聞こえてきそうだ。江川を切れ味鋭い日本刀とすれば槙原のストレートはマサカリといえようか。それもご丁寧に刃のない背で大木を倒そうとする。

巨人の首脳陣は当初、槙原に過大な期待を抱いていなかった。そのせいか、

「いい素材だから大きく育てたい」

と悠揚せまらぬ態度だった。しかし、投手陣の台所が苦しくなったとたん、「大きく」どころではなくなったようだ。私ならスライダーをすぐ禁止する。そしてストレートのコントロールをつける練習に没頭させる。

速球派のピッチャーは速球を打たれるとえてして自信を失う。それはそれで仕方がないのだがその先が悪い。どんなコースを打たれたのか、配球はどうだったか、そうした反省をしない。スピードがなくなったと思い込む。なんの警戒もなくど真ん中に投げ続けたら、いくら速くても打たれて当たり前なのに、そのへんに目がいかない。コントロールされた速球は思いのほか打ちにくい。とくに外角いっぱいの速球をいつでも投げられるようになったら、その威力のほどはスライダーの比ではない。江夏は練習でそのボールを身につけた。おかげでスピードの衰えたいまもトップの座にすわっていられる。

槙原は江川を目標にしていると聞いた。尊敬の念がよほど深いとみえ、真似まで念がいっている。コーチがちょっと目を離すと練習の手を抜くらしい。そのへんはご愛嬌だが、せっかくの手本があるのだからピッチングのほうも見習ってもらいたい。小手先の技でその場を切り抜けようとすると短命で終わる恐れもある。正しいフォームを身につければ二十五歳まではもっと速い球が投げられる。槙原はまだ二十歳になったばかりだ。目先の小銭を拾うか、将来の千金に賭けるか、どちらを選ぶべきかは自明だ、と思うのだが。

（83・8・26）

カーブが甲子園を制す

この夏は仕事が手につかなかった。というのも私の母校、京都府立峰山高校が地区予選でベストエイトに駒を進めたからである。強豪が早いうちに姿を消し、残っているのが似たりよったりのチームばかりだったので、ひょっとするといけるかもしれない。そうしたらカンパをしよう、家族全員で甲子園へ応援に行こう、と毎朝、新聞のスポーツ面をドキドキしながら読んだ。惜しくも準々決勝で敗れ、甲子園行きは真夏の夜の夢に終わったが、今年ほど甲子園を身近に感じたことはなかった。

私がいたころの峰山は部員十一人、ボールが数個、バット一本というありさまで、野球そのものより用具を確保するのがひと苦労だった。それに今のように周囲が野球を理解してくれない。やれ予算を食いすぎるとか、野球ばかりやって成績が下がるとか、どちらかというと白い目で見られていた。私は監督と主将を兼ねていたが、三年になって幸いなことに生徒会長に選ばれた。さっそく、その地位を利用して野球部擁護の論陣を張ったのはいうまでもない。

まず私はクラブ活動全般を担当していた生徒指導部長の先生を標的にした。この先生は野球のヤの字も知らない。打ったあとサードへ走りかねない人だった。ところが捨てる神あれば拾う神ありである。先生の子どもさんがたいへんな野球好きで、小学生なのにスコアブックをつけられるほど精通していた。私はお宅におじゃましてはこの坊やに、

「こんど練習試合があるから、お父さんつれておいで」

などとささやき続けた。

「坊や、スコアつけるのうまいね。ウチのマネジャーになれるよ」

ともいった。坊やは私の期待したとおり、腰の重い先生をよくグラウンドに引っぱってきてくれた。先生はやがて野球部のシンパになった。

昭和二十七年、私たちが京都の片田舎で白球ならぬタドンのようなボールを追っていたころ、蔦《つた》さんが池田高校の監督に就任している。やはり、バット二本、ボール三個のスタートだった。この社会科の先生は、

「定年になるまでに一度、子どもたちに大海（甲子園）を見せてやりたい」

と願ってノックバットを手にした。おそらく予算は少なく、物資に恵まれず、情熱だ

けが頼り、という状態は私たちと変わらなかったと思う。

それから三十年、蔦さんはとうとう大海原に乗り出した。今年の大会はとりわけ池田に明けて池田に暮れた。有力チームの選手たちが口をそろえて、

「池田とやりたい」

といっているのを耳にした。乗り出すどころか、今や甲子園の主になった感さえある。

V9時代のジャイアンツがちょうど池田のような立場にあった。私たちパ・リーグの人間は巨人と戦いたくてしようがなかった。同じプロなのに向こうとこちらではライトのあたり方が違う。うらやましいと思うと同時に、本当に実力が違うのだろうか、違うとすればどのへんにどんな差があるのか、実際にぶつかって、確かめてみたい。そういう欲求を抑えられなかった。だから私は球児たちの気持ちが痛いほどよく分かる。

池田の野球には善きにつけ悪しきにつけ蔦さんの性格が表れている。「攻めダルマ」というアダ名どおり、攻撃に重きを置く。みんなから目標にされる点では巨人に似ているが、試合運びやチームの性格は黄金時代の西鉄といったほうがぴったりする。

昔、オール徳島のピッチャーをしていた蔦さんは取っては投げ、ちぎっては投げ、というタイプだったという。とにかくテンポが速かったらしい。そう思って水野君を見ると、まるで親子のような気がしてくる。間《ま》とか、相手の心理とか、はたからみていると

そんなことにまるで頓着しない。次から次へと、まるでピッチングマシンさながらにボールを繰り出す。私にはその様子が、

「早く打ちたい。早くチェンジになれ」

といっているように思えておかしかった。攻めに相当自信がないと、こうはいかない。

蔦さんはいち早く筋力トレーニングに取り組んでいる。コーチにレスリング経験のある先生がいたことも幸いした。頑丈な体をつくって、振りを鋭くする。一方でピッチングマシンを利用して一四〇キロ前後のスピードボールを山のように打たせる。ことバッティングに関してはプロの練習と大差ないような気がする。

木製のバットは芯に当たらないとうまく飛ばない。芯の幅はボールでいえば二個分ぐらいだろうか。金属バットだとこの倍はある。芯の面積が広いだけでなく根っこに当たってもけっこう飛ぶ。木製なら折れるところなのに、これがポテンヒットになったりする。池田の各バッターのように力自慢が振りまわせば、その確率はかなり高くなるはずだ。飛距離も問題にならない。いつだったか西武が両方のバットで試したことがある。うろ覚えだが十メートル近い差があったと思う。こう考えてくると、池田のトレーニング法は金属バット時代に実にマッチしている。しかし、これではピッチャーがたまらない。太田幸司と延長十八回を投げ抜き、名勝負を演じた元松山商の井上明さんは、

「金属バット時代に投げていたら、三回もたなかった」と述懐しているそうだ。謙遜を割り引かなければならないにしても、かなり本音をいっていると思う。

気になったので調べてみたところ、今大会で五点以上の得点を記録した試合が三十二ゲームもあった。金属バット使用開始前の四十八年は二十一ゲームしかなかった。金属バットは確かに経費の節約には多大な貢献をしただろう。だが、その分、高校野球から細やかな技術を奪ってしまったような気がしてならない。

私は決勝戦をスタンドから観戦したが、ＰＬ学園の二本のホームランは木製バットなら届いていない。今年はホームランが三十一本も飛び出した。大会史上二番目の豊作だそうだが、本物はとなると激減する。大半は底上げされたホームランである。

攻撃野球というのは柳に雪折れなしの逆で、えてしてポッキリといく。今年の池田はまさにそれだった。原因はカーブである。あまりに変哲がなく恐縮してしまうような分析結果だが、事実だから仕方がない。池田はカーブが打てなかった。池田打線のストライクカーブに対する処し方を振り返ってみると大半が見送りである。対中京戦では二十三球のカーブを十五回、見逃した。手を出したのは八球に過ぎない。しかも、八球のうちヒットになったのは一度である。ＰＬ戦でも二十球のストライクカーブを十二回見送っている。そしてバットを振ってヒットにしたのはやはり一回だけだ。この二つのデータはツーストライクまでのストライクカーブを計算したものだから、それ以降のものも加えると、もっと、傾向がはっきり出ると思う。

甲子園で本格派は優勝できない。カーブが甲子園を制す、といわれてきた。これは昔からである。PLの桑田君はカーブの使いどころを実によく心得ている。決勝戦でも、横浜商の三、四番に心にくい投球をした。カーブを意識させておいて、ズバッと直球を投げ込むかと思えば、その逆をいく。横浜商の三浦君も決勝戦でこそいつもの冴えがなかったが、彼を支えてきたのはやはりカーブだ。プロなら直球のタイミングで待っているところにカーブがきてもなんとかついていける。が、高校生ではヤマを張って打たないとなかなかいい打球が飛ばない。史上最強とか、スーパーパワーとか、池田に冠せられた形容詞は最高級の賛辞だったが、終わってみればなんのことはない。甲子園のカーブ信仰は生きていた。

蔦さんは、

「ワシの野球は負けからの出発じゃ」

といい残して甲子園を去ったと聞いた。いつもながらこの人はいい言葉を残す。あっさりしていて、そのくせ不屈の気持ちがどこかにこもっている。当たり前のことをいっているのだが不思議に聞く人の心をとらえる。選手が慕うのも当然だろう。蔦さんの後ろ姿を見ていて私はある人を思い出した。引退するとき相手チームの選手からも胴上げされた、あの西本さんである。この人も選手を育てるのがうまかった。そして、西本さんもどこまでも攻撃の手をゆるめない、チャレンジ精神に満ちた攻めの人である。

（83・9・2）

生まれながらのショーマン

世は長嶋フィーバーの感さえある。本人が去就のメドを「秋」と言明したせいか、長嶋コールも熱を帯びている。先日も知人が某球団のオーナー室で、彼を見かけたそうだ。三年前、石もて追われた男は、いまだ〝ひまわりの花〟として君臨している。ファンはいったい彼に何を期待しているのだろう。

いつだったか、ザトペック投法で一世を風靡した村山が、

「あの人はいつもフルスイングでくる。だからこちらも全力でいった。打たれても三振に取っても不思議に爽快感だけが残る、奇妙な相手だった。空振りさせて、ヘルメットがすっ飛んだときなんか、ものすごく興奮した」

と話しているのを聞いた。あの人とは、いうまでもなく長嶋茂雄のことである。私も二人の対決するシーンを何回か見てきた。確かに力と力のぶつかりあうさまはすさまじ

い。思わず見る者の息を止める。近来にない名勝負といっていいと思う。しかし、ことヘルメットの件に関しては、私はとても村山と同じ気持ちにはなれない。それどころか、疑念さえ抱いている。

およそプロと名がつけばどんなバッターでもボールとバットのすれ違う瞬間が分かる。コンマ以下の瞬時に、「しまった」という感覚が体中を走る。すると、それから先のスイングは力が抜ける。ハタ目に、そうは見えなくとも、ヘナヘナになる。なのに長嶋のスイングは違う。

空振りした瞬間からむしろ、スピードを増す。うがった見方かもしれないが、彼はそれを意識してやっていたのではないだろうか。それにもうひとつ、空振りしたぐらいでヘルメットが飛ぶなんてことはありえない。よほど首を激しく振らなければ無理な相談である。しかも、頭に合わない大きめのサイズのものでなければ、あんなに見事に脱げ落ちたりはしない。長嶋は空振りを演出していたと思う。

守備でも「見せる」という意識が先行していた。長嶋の往年を知っている方なら、お分かりいただけるだろう。ショートの前に飛んだゆるいゴロを横っ飛びに捕ってステップスローで走者を刺す、例のプレーである。あれはハデでいかにも大向こうをうならせるが、玄人の目にはいただけない。もうちょっと早くスタートしていれば、なんのことはない、凡ゴロなのである。

彼とコンビを組んでいた広岡さんが、こうしたプレーを嫌ったのは有名な話だが、南海時代、私の下でコーチをしたブレイザーも、

「なんで長嶋が名手なんだ」

と、よくブツブツいっていた。

まだ現役のころ、長嶋は親しい新聞記者に、

「プロってのはね、要するにね、やさしいゴロをいかに難しく見せるかなのね。シャッシャッと捕って、パァーッと投げる。このパァーッてのが大切なんだ」

と語ったそうだ。このひとことに彼のプレーのすべてが表れている。あの一挙手一投足は計算されつくしたものだ。

もっとも計算というと、ひどく打算的に聞こえるが、長嶋の計算は欲得ずくのソロバン勘定とは違う。どうすればお客さんが喜ぶか、それを肌で感じ取り、とっさに全身で表現する。アドリブに似た反応なのである。だから、明るく、屈託がない。生まれながらのショーマンでなければこうはいかない。後天的に身につけたものだとしたら、もっと嫌みのきつい、鼻もちならないものになっていただろう。

日本シリーズやオールスター戦で何度か、顔を合わせた。私はそのつど、ささやき戦

術を試みた。

「チョウさん、構え変えたの。久しぶりに見たけど」

もちろん、構えなど変わっていない。堂々たるものなのだが、こちらとしてはなんとか集中力を乱そうと、水を向ける。すると彼は、

「ノムさん、調子いいじゃない」

とか、

「いいピッチャーだね、若くてイキがいいね……」

などと、トンチンカンな返事ばかりする。思うに私のことなど眼中になかったに違いない。バッターボックスに入ったときから、彼は他人のことを忘れてしまう。どうしたらスタンドの期待に応えられるか、頭の中はそれだけである。スタンドと一緒にエキサイトしている。こういう手合いにはささやき戦術は効かない。心ここにあらずだから反応はあっても意味がない。王でさえ、私のささやきに意識を乱された、と告白しているのに、この男だけは手が出なかった。

心理を読むことでは名人級の稲尾もとうとう長嶋には音をあげたそうだ。日本シリーズで対戦するたびに打たれる。稲尾としては読みに読んだ投球をした。が、結果はことごとく裏目に出る。稲尾は一夜、まんじりともせずに思いをめぐらせた。夜が白みはじ

めるころ、やっとたどりついた答えは、

「深く考えないバッターに違いない」

だった。悟りを開いたのち、稲尾は長嶋を封じることができるようになった。投げるほうも、考えずに無心で対したからである。

バッターにとって一番打ちづらいのは、逃げていくボールだ。とくにカーブである。ピッチャーの側からいえば右ピッチャーは右打ちに対し、この逃げるカーブを有効に使うことができる。同様にサウスポーは左打ちに最初から優位に立てる。だからこそ監督は右ピッチャーに左の代打を、左には右をぶつける。人間は右利きが圧倒的に多い。当然、ピッチャーも右利きの天下である。となると、右バッターは最初から不利な立場にいることになる。にもかかわらず三割バッターに右利きがたくさんいる。これはどういうことか。答えはみんな頭を使い、ヤマを張っているからだ。

私なりの計算では、バッターボックスに立って、来た球に合わせて打つだけでは二割七、八分しかいかない。足りない二、三分をどう埋めるかというと、配球を読んで対応する。物理的な不利は頭で補うしかない。しかし、長嶋はこれをほとんどしない。来た球を打って三割に届いた。こんなバッターは後にも先にも彼しかいない。

長嶋は忘れ物の名人である。後楽園に観戦に連れてきた子どもを置き忘れて帰ってしまったとか、買い物をして、肝心の品物を受けとらずに店を出るとか、忘れ物にまつわる伝説は枚挙にいとまがない。自分のバットを忘れたときのことだったろうか。彼はあわてずさわがず、ベンチにあるバットケースから適当なのを借りた。それでクリーンヒットを打ってみせる。

私もそうだが、選手たちはふつう自分のバット以外は手にしっくりこない。握りの太さがちょっと違うだけで、もう違和感がある。とても打つどころではない。なのにそれを楽々とやってのける。つくづく天才だなと思う。

本人はしかし、天才といわれるのを好まない。天才といわれると努力を怠っているようで落ち着かないのかもしれない。けれど、私は彼が人知れずトレーニングに励んでいるなどと聞いたこともない。王は荒川道場へ通ったりしていたが、長嶋に限ってはそれがない。なるほどキャンプや試合前の練習は熱心にやるが、これは努力とは性質が違う。塾にも通わず、学校の授業を聞くだけで難関の志望校を突破する子が、まれにいる。長嶋はちょうど、そんな人種なのではないか。

「長嶋語」というい方があるくらいだから、しゃべるのは嫌いなほうではない。しばらく前、所用があって私は名球会の総会を欠席したことがある。幹事だった長嶋からさっそく呼び出しがかかり、やんわりとお説教を食った。そのときの会話が今も耳によみがえる。ちょっと私が話そうとすると、その何倍もの言葉が返ってくる。せめて句点まで聞いてほしいと思ったが、彼は読点で私の話の腰を折り、あとは速射砲のごとくである。いっていることは温かみがあるのだが、繰り返しがやたらに多い。正直いってこれにはまいった。

天才肌の人は細かいことにこだわらない。というより七面倒なことを順を追って解きほぐし、積みあげていく作業がじれったくて仕方がない。中間を飛ばしてパッパーとやりたがる。このパッパーのあいだには本人なりの理論があるのだが、その説明がまどろっこしい。だから省く。周囲にはそれが分からない。したがってずいぶん突飛に映る。

監督時代の彼の采配がそれだった。ひとつの結論を出すのに「なぜ」と「だから」の手順を踏まない。少なくとも外からはそう見えた。当たったときは「カンピューターの冴え」とほめられるが、はずれたときは非難の矢面に立たされ無残だった。

同じような意味から、人を育てるのも天才にはつらい。長嶋の秘蔵っ子といわれる中畑が試合前のベンチで記者たちを前にして、

「前監督の指導法は単純明快でボクのフィーリングにピッタリでしたね、ガーッといけ、パッパーと捕れですからね。これがいいんですよ」

と、雑談に花を咲かせたそうだが、長嶋の意図が分かる男は同じような体質の人間に

限られるのではないか。その点、中畑は長嶋に似ている。長嶋語を心底から理解できる、数少ない人間の一人だと思う。

その昔、宮本武蔵は尾張徳川家に仕官の道を求めた。藩主の義直はたちどころに武蔵の非凡を見抜いたが、丁重にこれを追い返したという。ものの本には、その理由としてあまりの非凡は凡人を導くことができない、武蔵の剣は武蔵ひとりのものだ、とある。いささか話が抹香臭くなったが、私には長嶋と武蔵の姿がだぶってならない。

今年で三浪の長嶋がどういう結論を出すか、私が口を出す余地はもちろんないが、へタな仕官は名を滅ぼすような気がする。

ここ一番で、天性のカンピューターが絶妙の冴えを見せるよう、遠くから祈っている。

（83・9・9）

個人企業主の徹底した生き方

個人タイトルの中で一番人間臭いのは首位打者争いだろう。精神の強弱とか、チームの状態とか、その人の生活とかが、もろにはね返ってくる。今年のパ・リーグはクルーズ、落合、簑田、香川、リー、島田誠と、レース参加者も異例の賑わい。人間観察をしながら、順位を占うのも、また一興ではあるまいか。

個人成績というのは面白いもので、チームの順位と密接なかかわりを持っている。優勝争いをするようなチームの選手はえてして個人成績もいい。優勝という目標に向かって邁進しているうちに、自分の成績も上がる。気がついてみるとタイトルが向こうから転がりこんでいたりする。打率争いもこの例にもれない。過去二十年間のリーディングヒッターを調べてみたら、やはり上位チームの選手が圧倒的に多い。最下位のチームの選手がタイトルを取った例はセ・パ両リーグを通じて五回しかない。古い順にいうと昭和三十九年の江藤（中日）以下、張本（東映、日ハム）、吉岡（太平洋）、谷沢（中日）といった面々である。張本にいたっては二度も栄誉に輝いている。

四十四年、私のいたホークスは最下位に転落した。私は前年まで八年連続してホームラン王を取ってきた。当然、この年もという色気はあった。しかし、この年に限って、どんなに気をひきしめても一発が出ない。たまに打ちこんでも、味方のピッチャーが崩れてチームは負ける。せっかくのホームランが生きてこない。そうした毎日が続くと、陰々滅々とした気分になる。

キャッチャーというポジション柄もあったのだろうが、チームの不振が私から個人タイトルへの執着心まで奪ってしまった。結局、その年、私は長池（当時阪急）に本塁打王の座を明け渡した。その意味からすると、私は江藤や張本たちに敬意を表さざるを得ない。きっと心臓や神経系に剛毛が密生しているのだろう。私とは人間のデキが違うのだ。

西武が独走した今年は二位も六位もない。ライオンズ以外はどこもビリのようなものだ。ベストテン上位でしのぎを削っているメンバーをみると、不思議と西武のバッターがいない。となると、今年のレースは心臓比べといってもいいかもしれない。つまりツラの皮の厚さが勝負のポイントを握っている。

先日、テレビ朝日の仕事で落合に会う機会があったので、早速、バットマンレースの

話をした。すると、この男は、

「ええ、とってみせます」

と、いった。照れもせず、とぼけた顔でしれっとしている。彼の大言壮語は心得ているつもりだった。シーズン前に「四割を狙う」といって球界雀をアッといわせたりしている。しかし、せっぱつまった段階で、こうも堂々といい切るとは思わなかった。驚いたせいではないが、聞き忘れたことがあったので、後日、落合に再度、質問を試みた。

「チームの成績がバッティングに影響しないか」

という内容である。ところが落合は、

「気にしてもしようがないでしょ。私ら、打ってなんぼの個人企業ですからね」

と微動だにしない。落合以外の選手がこんなことをいうと、こいつ、ちょっとおかしいんじゃないか、と思われるのがオチだが、彼がいうと、人をその気にさせるから妙だ。それに嫌みがないのもいい。落合には個人主義に徹せられる強さがある。肝っ玉の太さからいうと、やはり彼がタイトルにいちばん近い。もっとも心臓だけでタイトルが取れるわけではない。やはり技術の裏打ちが必要だ。落合の利点は右に流せる柔軟なバッティングだろう。ライバルを見渡しても彼ほどの巧者はいない。技術的にも一歩、抜きんでている。

バッターを診断するのにキャッチャーの目が役に立つ。たとえば落合なら、穴は少ないがそれでも胸元は比較的弱い。島田も同じことがいえる。ドカベンは出っぱった腹の下を突くのが効果的だ。簑田は内角が強いから、裏をかいて内角で攻める雰囲気をつくっておく。そして、注意をそこに集めておいて最後は外角で打ち取る。好打者といえどもどこかに弱点があり、従って、そこから攻め方の法則も生まれてくる。

しかし、そういう法則が適用できないバッターもまれにいる。クルーズがそうだ。こうした手合いはたちが悪い。とんでもないボールを投げさせてはずしたつもりなのに、軽々とはじき返す。かと思うといい球を見逃したりする。唯一法則らしいものがあるとすれば、その日の気分である。

プエルトリコ出身のこの陽気な男は乗ってくると手がつけられない。エイトビートに身をくねらせながらバッターボックスにやってくるときがもっとも危ない。だから、気をくじくことが彼の攻略法につながる。主審がくさいボールをストライクにでも取ってくれたらもうけものだ。彼はくさってリズムを狂わせる。一度、狂わせてしまえばもともと悪球打ちだから、フォームはガタガタになる。技術的に確固たるもののない弱さが顔を出す。

クルーズにはしかし、もうひとつ、目に見えない味方がある。彼は成績次第で首を切られるかもしれない。切られたらアチラでは日本以上の生活はまず望めまい。そこで必死になる。ハングリー精神では日本人に負けないのではないか。同じことがリーにもいえる。秋風とともに彼らの空腹感は募る一方のはずである。肝っ玉の落合に対抗するのはハングリーの両外国人かもしれない。

簑田と島田に利があるとすれば「足」をおいてほかにない。内野安打になる可能性はこの二人がいちばん高い。今のようなダンゴ状態が最後まで続き、しかも三割二分台の低率で推移した場合、足で稼ぐ一本は大きい。バント安打が決め手になることも考えられる。

バントといえば張本が得意だった。夏が終わり、首位打者争いが激烈をきわめる九月になると、三塁前に絶妙のゴロを転がした。本人もバントの効用をよく心得ていて、

「九月はバントの季節よ」

などとウソぶいたものだ。彼を鈍足だと思っている人が多いようだが、実は、俊足とはいえないまでもかなり速い。バントをすると信じられないようなスピードで一塁を走り抜けた。これも執念のなせる技である。

首位打者争いはまた、さまざまなかけひきを生む。パ・リーグの監督を経験した某氏から聞いた話はなかでも秀逸だった。主役は彼の下で四番を打っていた某選手である。

彼は苦手なピッチャーが先発だと分かると、急に腹痛を起こす。

「痛たたぁ」

と顔をしかめて監督のところへやってくる。今にも倒れそうな雰囲気だそうだ。ところが、途中でそのピッチャーが引っこむと、

「代打ぐらいならいけますよ」

と、売り込みにくる。瞬時のうちに病状は好転してしまうらしい。

「まいったよ、やっこさんには」

と、この監督氏が苦笑まじりで話したのを今でも忘れることができない。タイトルを取るには演技力も欠かせないようだ。

ホームラン、打点、打率の中でもっとも厄介なのは打率だろう。他の二部門は不調でも落ちることがないが、こちらは打てないと坂道を転げ落ちる。私は、三冠王となった四十年、最初で最後の首位打者になったが、毎日、心身症のような状態で過ごした。ライバルのことが気になって仕方がない。まず、あいつは二本打ってるかもしれないに始まる。次いで、オレは一本も打てないかもしれない、という強迫観念にとらわれる。後半の一カ月で私は二分ほど打率を落とした。この二分は明らかに神経消耗のせいである。打率を争った経験からすれば、多少のかけひきがあるのは分かる。けれど仮病だけは

ご免こうむりたい。それまでやってしまってはなにをかいわんやである。

首位打者争いは二人で争われるのがふつうだ。今年のように六人もが当落線上でひしめきあう光景は珍しい。それだけにヘタなことはできないだろう。去年のセの首位打者レースではドタン場で大洋の長崎がゲームに出なかったり、ライバルの田尾を全打席敬遠してみたり、チームぐるみの支援があった。しかし、参加人員がこう多くてはそんな小細工もきかない。正々堂々の戦いが期待できる。

とはいっても、下位球団の選手たちによるバットマンレースというのは今ひとつ盛り上がりを欠く。優勝のことを「みんなでとるタイトルだ」といったのは、広岡さんだが、自分の安打がチームの最終目標に結びつかないと、どうしてもどこか、力が抜ける。いくら個人主義的な言葉を弄して自分の心を鼓舞してみても、心底から燃えてくるものがない。どんな組織にいてもこれは同じだと思う。ふとしたはずみに自分が惨めになったりもする。肝っ玉落合だって本当はそうに違いない。

落合は仮面をつけてグラウンドに出ている。寂しさを隠す個人主義の仮面である。あまりに完璧な仮面だから、周囲がそれに気づかないだけだ。

(83・9・16)

選手は三年、監督は五年我慢しろ

〈戦力＋監督の手腕〉÷２＝順位という方程式が今年ほど顕著に表れた例は珍しい。そのせいか、シーズン終了を待たずに監督更迭のウワサ話が飛び交っている。しかし、交代といってもそれに代わる人材も払底していて、おいそれとはいかないようだ。「チームの顔」といわれた監督探しがこれではちと寂しいが、これもひとつの時代なのかもしれない。

夏の初めごろから胃の具合がおかしい。朝起きると鈍痛があって気分が晴れない。あまり長く続くので先日、人間ドックに入って、すみずみまで診てもらった。結果は軽い胃炎で心配はいらない、とのことであったが、考えてみれば鈍痛やシクシクとの付き合いは南海の監督時代、十二指腸潰瘍をやって以来、ずっと続いている。監督をやめたら大丈夫だろうとタカをくくっていたが、こちらは別れたくともあちらが離してくれない。

医者によると、どうもタバコがいけないらしい。選手時代、私は吸っても一日一箱でおさまった。監督になってそれが三箱になった。今もその習慣が続いている。とんだ監督後遺症である。

監督という職業は割に合わない。まず、体をこわす。場合によっては選手に離反される憂き目もみる。自分のせいでなくとも全責任を負わなければならない。しかも年俸は驚くほど安い。海のものとも山のものとも分からない新人に億の補強費を使うのに、監督の契約金たるやその一割にも満たない。なのに監督希望者はひきもきらないから不思議だ。ある高名な解説者は、

「ワシんとこには三件も口がかかっているよ」

と嬉しそうに話していたし、他の評論家はコーチの組閣表を作って周りに見せびらかしたりしている。

どこかの銀行の調査に、男が一度はなってみたい職業、というのがあって、監督はオーケストラの指揮者、司令長官に次いで三番目の高位だった。他人を自在に動かしてみたい、というのは男にとってよほどの魅力らしい。もっとも、わが業界にあっても「やらせたい人」より「やりたい人」のほうが幾層倍も多く、このあたりも世間の通例と変わりない。

ひと昔前の監督にはそれぞれふさわしいキャッチフレーズがあった。謀将三原に始まって智将水原、猛将千葉、別所さんは鬼軍曹と呼ばれた。それがいまはない。ひとり広岡さんが管理野球の教祖としてあがめたてまつられているだけで、他は影が薄い。個性あくまで乏しく、これなら早晩、コンピューターに指揮される時代がくるかな、と思ったりする。

選手同様、監督もまた育つものである。育てるには歳月がかかる。選手は石の上にも三年のたとえどおり、これぐらいの我慢がいる。が、監督はもうちょっとほしい。まあ、五年だろう。追従しているようで嫌なのだが、広岡さんの契約は五年である。オーナーの堤さんが、

「五年間、この男の下でやらなければならないと分かれば、選手たちはいやでもついていく」

と、いっていたが、そのとおりだと思う。その間に監督は自分流の野球を作りあげることができる。それでダメなら人材の起用を誤ったと思うべきである。

三原さんにしても水原さんにしてもひとところで長期間、指揮をとった。自分の野球を完成させるだけでなくその間に後継者を育てた。強いチームには監督のうしろに次をまかせられるのはこいつだ、という人物が必ず控えていた。そして、そういう選手は自

然に当事者意識を持ってゲームや練習を見るようになる。いわば自習期間があったのである。

南海の監督をしていた昭和四十八年、巨人とトレードをした。ジャイアンツからホークスに移籍したのは山内新一と松原（現姓・福士＝韓国のプロ野球で活躍中）だった。トレードの下話を進めるにあたって川上さんから、

「今度会うとき、長嶋を同席させてもらいたいんだが……。彼は次を背負う男だから、いろいろ勉強させておきたいんだ」

という電話があった。私はこれこそ伝統だと思った。後にこの二人はさまざまな確執を起こすのだが、これは両方の個性の問題で私のいわんとするところとはかかわりがない。私は引き継ぎのシステムのことをいっている。南海も鶴岡監督のあとを蔭山和夫さんが継いだが、彼の突然の死で運命が狂う。システムがうまく作動しなくなってしまった。

今はドラフト制度があるので、いきたいと思っても選手の希望がかなうとは限らない。だからそのあたりは斟酌《しんしゃく》しなければならないが、現代っ子は人気でチームを選ぶ。昔は選択肢の中に「監督」が入っていた。あの監督の下でやりたい、という気持ちである。私は、キャッチャーのいちばん手薄なところ、という基準を最優先させたから、ちょっ

と事情が違うのだが、杉浦は男気の鶴岡さんを選んだ。長嶋も当初、ホークスに入団するはずだったが、途中から巨人へと方向転換した。私の見るところでは、彼は都会的センスにあふれた水原さんに魅かれていたのだと思う。同じように稲尾は魔術師三原さんの門をたたいた。

三原さんといえば、選手の掌握術でこの人の右に出る人はいない。南海と西鉄が優勝争いをしていた昭和三十三年、両チームが平和台でぶつかりあった。すでにペナントレースも終盤に来ている。まさに天王山の試合だった。九回表、思わぬハプニングが起きて、ライオンズは十中八九《じっちゅうはっく》、勝っていた試合を落とす。二死満塁で左翼手がイージーフライをポロリとやったからだ。そのときのレフトは関口さん（現近鉄監督）である。関口さんは気の毒なくらいしょげかえっていた。おそらく泣きそうな顔をしていたのだろう。三原さんはゲーム終了後、関口さんの家までいって、

「気を落とすな」

と、慰めた、と聞いている。簡単なようだが、なかなかできることではない。そうかと思うと、連投につぐ連投の稲尾に、

「芸者と遊んでこい」

と、そっと金を渡す。三原流の選手操縦法なのだが、人情の機微を実に心得ている。

いわれるほうはもともと、三原さんを慕って入団してきた連中である。「よーし」と腕まくりする様子が浮かぼうというものである。

監督業のうちで最も大切なのはこうした気配りだろう。采配の善し悪しがよく俎《まないた》に上げられるが、勝負はおおむねグラウンドに来るまでについている。しかし、最近のように、こうも短期間で代えられては人間関係を作ろうにも作れまい。それに、世論も結果を急ぎすぎる。下位に甘んじていると、たとえ監督一年生であっても許してくれない。

球団にとってファンの声は天の声と同じだから、大あわてで次の人選に入る。ひどいのになると現職のご本人が知らないうちに二股も三股もかけて交渉する。これでは監督だって腰の定まるはずがない。つい、ソツのないように動く。メリハリのない画一的な野球ばかりが横行したとしても、監督ひとりに責任を押しつけるわけにはいかない。

私は野球に関して考えが混乱したり、まとまらないときはいつも、高校野球に返ってみる。この稿をまとめるにあたってもつらつらと考えてみた。監督のあり方というのは確かに現代の縮図のようなところがある。時代と無関係ではない。世はあげて「軽薄短小」を唱えているぐらいだから、プロ野球の監督が軽く、薄くなっても仕方がないようにも思える。しかし、ひるがえって高校野球界を見れば蔦さんの三十年を筆頭に強豪校は軒並み老将が率いている。蔦さんだって甲子園に出られないときはずいぶん、まわりから責められたろう。それでもガマンを続けた。おそらくこの連綿とした持続のなかに監督の個性を作る秘密がある。とはいっても石をダイヤと間違えていくら磨いても無理な相談だ。まず、光る原石を探してこなければ始まらない。それがスタートで、あとは待つことである。

我慢なんて少し前まで、はやらない言葉だった。なのに、その権化のような女性の物語がうけている。例の「おしん」である。ひょっとすると時代がちょっぴり動き出したのかもしれない。そういえば西武の金縁メガネ氏は粗食にも耐えられるし、どこか、我慢強いところはおしんに似ている。おしん型監督第一号といってもいいのではないか。

（83・9・23）

阪神タイガースの構造的欠陥

柄にもなく講演を頼まれ、新潟まで小さな旅をした。新潟といっても越後湯沢駅から一時間半も車に揺られていく、山をいくつも分け入った草深い町である。仕事が終わって、呼んで下さった人たちとよもやま話をした。自然、話題は野球のことになった。なかに熱心な阪神ファンがいて、しきりに今シーズンの不振を嘆いていた。この人は先日の巨人—阪神戦をわざわざ後楽園まで見にいくほどだから、その思い入れは並大抵ではない。なのにあのざまはなんだ。タイガースはどうかなってしまったのか、と最後は悲憤慷慨《こうがい》と罵詈《ばり》讒謗《ざんぼう》が入り交じった。

そういわれて私は困った。実は、開幕前に、巨人に対抗しうるのは阪神、という予想を立てていたからだ。顔ぶれからいって今でも私は、当初の予想が誤っていたとは思わない。しかし、越後湯沢氏の言ではないが、この三連戦はひどかった。闘志のかけらもない。

感じられない。目標を失った難破船を見ているような気がした。

とくに十三日の第一戦、九対九で迎えた最終回の掛布の守備はおそまつの一語に尽きる。一死一、二塁から山倉の一打はサードの横を襲った。たしかに難しい打球ではあったが、捕れなくとも止められない当たりではない。一歩も退《ひ》けないというドタン場の気持ちが掛布にあればはたき落とせたはずだ。なるほど、止めたとしても次の打者に打たれるかもしれない。それはそのとおりだ。しかし、そういう危機の連続をなんとかしのいでいくのがプロではないのか。

いつのころからそうなったのか、分からないけれど、タイガースの選手たちは負けてもあまりくやしがらない。残念そうなのは敗戦投手ぐらいである。通路でニヤニヤしている手合いもいるらしい。こんなだから勝っても、そう嬉しそうな顔をしない。

苦労の末に勝てば、勝利の味は格別だし、労苦が実らず一敗地にまみれたときの屈辱感はなにものにもまして大きい。どす黒い怒りが心の中で爆発しそうになる。南海時代、控えの選手にすさまじいのがいた。負けると「チクショー」と叫んで、ベンチのコンクリート壁を殴りつける。こぶしはやがて血まみれになった。その様子を見ていたレギュラー組の心中はお察しいただけると思う。阪神にはそれがない。なるほど戦力面でいくつかの誤算はある。ストッパー山本が不調続きだったし、飛躍を期待された藤原がまったく使えなかった。岡田のケガもある。しかし、それにも増して「見えない戦力」の欠如は大きかったと思う。私はそれを見落としていた。まだまだ評論家としての修業が足りない。恥じ入るばかりである。

チームには組織戦に持ちこむタイプと個人技の集積で勝利をつかむチームとがある。タイガースは明らかに後者の代表である。投手では村山、小山、バッキー、野手では吉田、三宅、鎌田、藤井……、こうした一芸に秀でた連中が天才的な技を随所に見せて、相手を圧倒してきた。ひところ、「人の三井、組織の三菱」などといわれたが、この伝でいけば「人の阪神、組織の巨人」といっていいだろう。

個人技というのはしかし、継承しにくい難点がある。だから精鋭のいる間はいいが、いなくなると戦力にぽっかり穴があいてしまう。あとに残るのは「技術抜きの個人主義」ばかりだ。これはあげ底の空き箱と同じで、あまり物の役に立たない。立たないどころか、チームの足を引っ張りかねない。

私のスコアブックを開いてみると、阪神のチームプレーの欠如ぶりがそこここにうかがえる。たとえば八月三日の対巨人戦、四点を追う阪神六回の攻撃、先頭バッターは平田である。平田はワンボールから槙原の二球目を簡単に打って右飛、続く代打の吉竹も二球目に手を出しファーストゴロ、ここはどうみてもランナーをためていきたいところだ。しかも相手は槙原だから四球の可能性もある。それをいとも簡単に打ってしまう。これでは槙原を助けているようなものではないか。組織全体で相手に圧力をかけていく、といった姿勢が少しも感じられない。いちいち細かくいうつもりはないが、投打にわたってこういう無神経なプレーが多すぎる。

千変万化の状況の下でチームのために自分が何をしたらいいのか、そこが選手に分かっていない。ただ漠然と野球をやっている。真弓とか、北村とかチームプレーに徹しようという気構えの見える選手も何人かいる。いるにはいるが、そうした教育がなされていないから選手は戸惑うばかりだ。阪神の土壌にチームプレーがいかに不毛かは、田淵の例を見れば明らかだろう。田淵は広岡さんの下ではじめて目覚める。あれだけのベテランになって、やっと、

「ノムさん、野球って奥が深いんですね」

というぐらいだから、阪神時代がいかに空白だったか、知れようというものである。

その田淵もライオンズに移った当初は相変わらずだった。

阪神の伝統といわれるひとつに派閥抗争がある。村山、小山、吉田の三頭時代は新聞記者まで割れた。政界さながらに選手は自派の番記者以外には口もきかなかったそうだ。その歴史は田淵、江夏の時代まで引き継がれ、田淵はその気分をライオンズにまで持ち

こんできた。彼は練習が終わると、取り巻き連中をはべらせて、ビールを飲みながらひとしきり時を過ごす。田淵ほどの選手になれば、そういう時間があってもかまいやしない。けれど、お相伴しているのは、これから花が咲くか咲かないか、という瀬戸際にいる若手である。

私がホークスのペーペーだったころ、仲間同士でときたま夜の町に繰り出した。運悪く、蔭山和夫さん（故人）や飯田徳治さんに鉢合わせすることがあった。すると蔭山さんたちは、

「若いのがこんなところにいていいのか、バットを振ってこい」

と、きまってカミナリを落とした。田淵にはそんな気はさらさらなかった。というより、入団以来、そうした生活を送ってきたから、当たり前だと思っていたのだろう。田淵のあとをくっついてまわっていた選手はすでに球界を去った。

派閥は弊害もあるが、各派がしのぎを削るから活気も生み出す。今、タイガースに派閥らしきものはない。その意味で、阪神は派閥の消滅とともに善悪両方のエネルギーを一挙に、なくしてしまった。

となると、どうしてもチームの牽引車がいる。だれがみても、その任をまっとうできるのは掛布をおいてほかにない。だが、掛布は照れ屋で、人をグイグイ引っ張っていく

のが苦手だ。むしろ、わが道をいく、という阪神伝統の個人技派の人間である。ムードメーカーにはなりきれないのかもしれない。阪神は闘争心の醸造元をいまだに見いだせないでいる。

「人の阪神」から、「組織の阪神」へと球団自体、方向転換しようと試みた時期が過去にないことはない。昭和五十四年、ブレイザーを監督に迎えたときである。このとき小津球団社長は、

「ウチの選手は野球を知らない。ブレイザーに二年ぐらいみっちり鍛えてもらうつもりだ」

と、いっている。これは明らかに企業体質の改善を狙ったものだろう。だが、せっかくの勇断もわずか一年半足らずで頓挫する。元の木阿弥である。

いったいに阪神というところは監督の首が長くもたない。気になったので過去二十年を振り返ってみたら、現在の安藤監督で十一人目だ。一人二年以下という計算になる。ライバル巨人はたったの三人だからいかに差があるか分かる。これではチームプレーが身につくわけがない。選手は、新しい監督が就任するたびに、

「こいつ、いつまでもつやろ」

と瀬踏みをすると思う。したがってだれもが距離をおいたお付き合いをする。そんな

ところから本当のコミュニケーションが生まれるはずもない。

そのせいか、安藤監督も選手を滅多に叱らない。カミナリを落とす相手はもっぱら控えの若手相手、という。安藤監督は球団上層部の信任も厚く、歴代の監督に、「彼は将来、タイガースを背負って立つ男だから」と、引き継ぎされてきた、といわれている。いってみれば阪神の星である。その人をして、なおこれだけの遠慮があるとしたら、「瀕死の重傷」といわれても仕方がないのではあるまいか。

つい最近、友人から、阪神が逆転優勝をする架空実況テープが売り出されたと聞き、さっそく買い求めた。聞いてみると、掛布が九回裏に江川から逆転満塁サヨナラホームランを打つ、といった内容である。こんな他愛のないテープが大当たりだというからいやになる。

南海の監督時代、わがホークスは阪急と激烈な首位争いを演じた。今夜が天王山、というとき、私は知り合いの新聞記者に、

「明日はウチの試合が一面トップだろうね」

と訊ねたことがある。その新聞記者は「そうですね」と請け合ってくれたが、翌日の一面ははたして掛布が特訓、という内容だった。私はムッときて新聞記者に嫌みのひと

つもいってみたのだが、

「それじゃ売れませんのや」

といわれてグーの音も出なかった。

ことほどかように関西ではタイガースの人気は高い。負けてもお客さんは入る。しかし、これが阪神にとって本当にいいことなのか、私は疑問に思っている。タイガースは巨人と並ぶまぎれもない全国区のチームである。が、今のままではパロディのネタにされるのがオチだ。いかにナンセンス精神の好きな浪花っ子といえども、たび重なってはガマンもなるまい。自虐趣味にも限度があるはずだ。

（83・9・30）

名参謀たちの熾烈な情報収集合戦

広岡さんが評論家をしていた時分、どういうわけか、彼と並んでゲームを観戦する機会が多かった。私もズバズバいうタチだが、この人の物言いはもっとすごい。その舌の根には致死量の毒が含まれている。横で聞いていて息をのむことが何回もあった。あるとき、巨人の牧野さんがコーチスボックスに駆けていくその後ろ姿を指さして、

「アレを見てみい。とても野球をやったもんの走り方じゃない。ムシズが走るよ」

と、吐きすてるようにいった。V9時代の巨人内部でさまざまな確執があったことは私も聞かされていたが、広岡―牧野の関係がこれほど冷えきっていたとは、このときまで知らなかった。

仲が悪いといえば森―牧野もこれに輪をかけたような間柄だ。会っても互いに顔をそむけて、口をきかないらしい。森は巨人の功労者として球団の指導者になってもおかし

くなかった。それが、どこでボタンをかけ違ったのか、石もて追われた。追放の陰にやはり両者の人間関係があったといわれている。その意味で巨西、相戦うの図は単純な小説よりよっぽど面白い。骨肉の争いであると同時に、男たちが過去のうらみつらみを晴らす機会でもあるからだ。かつて、これだけ物語的要素をはらんだシリーズがあっただろうか。

事前準備の充実なくして勝利はおぼつかない、というのが日本シリーズの常識だが、森、牧野の両参謀はこの分野で人後に落ちない。一方をＫＧＢとすれば他方はＣＩＡといえるだろう。去年の日本シリーズは中日がドタン場で決まったため、セ側に情報を収集する時間がなかったが、今年はどうやら日数も十分ある。それだけに事前の情報戦は熾烈を極めると思う。

この時期、ネット裏へいくと、両チームのスコアラーがビデオを持ち込んで撮影に余念がない。相手投手のクセに始まって、サインの分析まで撮影は微に入り細をうがつのだが、情報戦の主戦場は実はグラウンドではない。夜回りと朝がけである。関係者の家にいって、こっそりデータを聞かせてもらう。コーチもスコアラーも新聞記者まがいの取材攻勢をかける。

阪急がパの代表になったとき、森が拙宅に夜回りにきて、驚いたことがある。あとで聞いた話だが、森が私の家を訪ねてきたころ、牧野は岡村（当時東映）のところへ出かけていたらしい。岡村は東映に来る前、阪急のキャッチャーをしていた。ブレーブスはえぬきの古参である。ベテランだけに個々人のクセやフォーメーションプレーに至るまでよく知っている。しかもキャッチャーである。キャッチャーは監督の分身といえる。それを押さえられたら情報戦の帰趨はおのずと定まる。岡村がどの程度、しゃべったかは知らないが、西本さんは日本シリーズでついに巨人を倒せなかった。

日本シリーズではないが、監督時代、私も戸別訪問をさせた経験がある。当時、ホークスのライバルは阪急だった。そこで機会をうかがっていると、いい具合に阪急の選手が広島へトレードされた。私はすぐ、心きいた者を派遣した。ところがこの選手は西本さんを尊敬していて、いくら口説いても、

「私は阪急にはたいへんお世話になった。そういうことはできません。帰って下さい」

の一点張りで、とても話どころではなかった。事前に人間関係をチェックしなかった当方の失敗である。牧野はその点、抜け目がない。岡村がトレードに出されたとき、西本さんとの間に誤解が生じたことを、どこで調べたのか、ちゃんと知っていた。さすがにその道のプロの名に恥じない着眼の鋭さを感じさせた。夜回りのときにはポケットにちゃんと取材協力費を入れた封筒を忍ばせているらしい。

巨人のスパイ野球が一頭地を抜いている件については前にたびたび触れたので、繰り返しは避けるが、初期のころにはとんでもないチョンボもあった。昭和三十六年、南海とのシリーズのときである。巨人は大阪球場へ練習にやってきた。そして引きあげたあとの巨人ベンチに一冊の大学ノートが残されていた。グラウンドキーパーが見つけて私たちのところへ届けてくれた。開いてみると、ホークスの選手の長所や欠点がびっしり書き込まれている。ひと目で巨人の極秘ノートと分かった。私の項目をみると、

「外角のスライダーが有効」

とある。なるほど、よく研究している。うなりつつ、さらに読み進めると、

「野村はヤジに弱い。すぐ気にする」

との記述がある。これにはアッと声をあげそうになった。そういえばこのシリーズで、巨人のペーペーが私のことをボロクソにいっていた。

「パ・リーグちゅうのはレベルも低いのぉ、それでもパのホームラン王か」

とヤジられたときには、正直いって私も頭に血が逆流した。そうか、あれはデータにもとづく作戦だったのか、とみんなでワイワイやった。参謀役の蔭山さん（故人）も、

「いいものが手に入った」

とほくそえんだものだ。しかし、私たちはしばらくして、いやな気分に陥った。巨人

のことだ。こんなウッカリミスがあるはずがない、おかしい。後方攪乱用にわざと残していったと考えるほうが当たっているんじゃないか。相手に聞くわけにもいかず、結局、このナゾはシリーズ中ずっと私たちの胸の中にわだかまった。それが原因かどうか、ホークスはこのシリーズ、二勝四敗で川上巨人に敗れた。

データは多ければ多いだけ正確さを増す。たとえば原の打球の方向を分析したとしよう。球場にはりついている西武のスコアラーたちは残り十数試合の分はまとめることができる。しかし、それではまるで足りない。いろいろあるデータの中で、もっとも利用価値のあるのが、この打球の方向である。レフト線の打球が多いと分かればあらかじめ、センターとレフトは左側へ二、三歩寄って守っていればいい。二、三歩というと、なんだその程度か、という方がいるかもしれないが、このわずかな歩幅が勝敗を分ける。二死満塁のピンチにこのデータが生かせるかどうかを考えれば、その重要性がお分かりいただけると思う。守備というのは地味で目立たないが、見えないところに「守備における攻撃性」が隠されている。わずか二、三歩のちっぽけなシフトがまさにそれにあたる。あるとないとでは大違いだ。

原に話を戻そう。

セ・リーグの各球団はよそのチームの主力打者の打球に関するデータを全部持ってい

る。原は巨人の四番だから、どんなお粗末なチームでも彼のデータはそろっている。そこで、足りない分はここから借りるのである。といっても、この種のデータは企業秘密と同じだ。そう簡単に貸してくれるはずもない。最後は人脈がモノをいう。ふつう、データの管理は監督とスコアラーが行う。監督に頼むのがいちばん手っ取り早い。しかし、いくらツーカーでも監督には頼みにくいし、あちらもいいにくかろう。となると、スコアラーが狙われる。それがダメな場合は捕手である。巨人、西武以外のチームの捕手は今ごろ、突然やってくる夜の訪問者に、さぞ悩まされていることだろう。

去年の日本シリーズで西武は中日打線の中から、あらかじめ御しやすいバッターをリストアップしていたようだ。私の見るところ、餌食になったのは平野とモッカである。この二人のところで打線をピシッと寸断してしまう。逆に田尾とか谷沢にはある程度、やられるかもしれない、できることなら勝負したくはない、という危険負担の心構えを持って臨んでいたように思う。去年の成功に味をしめた西武は今年も打線の穴を探しているに違いない。おそらく河埜、原あたりがターゲットになるのではないか。反対に恐れられるのは篠塚とスミスだろう。もちろん、松本が最重点課題であることは論をまたない。投手陣ではやはり槙原だろう。江川や西本のデータは収集するまでもなく、ライオンズナインの頭の中に入っていると見たほうが無難だ。

対する巨人はどうかというと、西武打線に極端な切れ目がないだけに的をしぼりにくい。ピッチャーにしても東尾あたりはともかく森、永射といったリリーフ陣にはそんなになじみがない。それだけに情報収集の範囲が広がりすぎてやりにくい面はあるかもしれない。情報戦では西武が一歩リードといったところだろうか。

情報というのは不思議なもの、あればいいという代物ではない。せっかく集めても使い方次第で名刀にもなるしナマクラにもなる。

とくに一球に泣くことが多い日本シリーズでは中途半端な利用はあとでホゾをかむ結果になりかねない。たとえば、原は外角のカーブに弱いから、それでいこう、というのには先の長い公式戦での指示であって、シリーズでこんなことをいっていたら、とたんにやられる。

カーブでも続けるとうまく打つし、左ピッチャーのカーブはかえって危ない、といった細かいデータも分析する必要がある。アバウトな知識がいちばんいけないのだ。

もっとも、あんまり細かいことをいいすぎると、頭がこんがらかって分からなくなる。だから情報の提供も基本線だけは全員に知らせるにしても、細部は提出先を限定したほうがいい。チームも大所帯になると、なかには画一的な思考しかできない人間が必ずいる。そういった手合いは、与えられた情報に凝り固まってしまって柔軟性をどこかに忘れてきてしまう。人間のすることだから、変化に富んで当たり前なのに、そのへんが分からない。私もそれで痛い目に遭ったことが何回もある。さじ加減ひとつで生死を分けるあたり、情報はなんだか、劇薬に似ている。つくづく使い方が難しい。

（83・10・7）

瀬古選手を育てた満点の管理職の指導法（対談・中村清）

マラソンランナーというのはいったいなにを考えながら走っているのだろう。同じスポーツでありながら、野球とはまったく異なる分野のような気がする。孤独に耐え、刻苦を乗り越えてひたすら走る原動力はなにか。瀬古利彦選手の恩師・中村清監督に選手の育て方、管理術の極意を聞いた。

野村　先日の実業団対抗では瀬古選手が二万メートルに日本新記録を出しましたね。心配してらしたそうですが……。

中村　瀬古も人の子です。酒を飲んだりするんですね。友達が悪いんです。「おまえ、有名な選手になったからおれの付き合いはできんのか」なんていわれると、断れないんですね。瀬古を芸者にしているんですね。そういうことが二、三回あったのかなぁ。体調を崩しちゃった。ちょっと酒を飲むのでも、監督に悪いなと良心がとがめて飲むから、ビール一本でも、二ダースも三ダースも飲んだようになる。そういうことは長い選手生活で何日もないですけれども、アリの一穴から堤防が崩れるんです。私は、ロスの最終予選に間に合わないと思いましたよ。

野村　でも、日本新を出して立ち直りましたね。

中村　糸口をつかんだだけです。七月末から練習を開始しましたけれども、たまった情熱というか、エネルギーというか、ものすごく練習しました。何十キロ走ったか分からないですよ。無我夢中でしたね。朝十キロ走って、昼間二十キロ走って、夕方は二十キロ走ったんです。練習が終わったら立ってられなくて、抱きかかえて控室に連れていったらウーンとうなって動けないんです。おまえ、死んでしまうぞというと、「大丈夫です」というんですね。そういう晩はご飯が食べられないんですよ、目が回って。それでも次の日の朝になると、きのう走ったから体が楽になりました、というんですね。

野村　ベストコンディションは半年の間に二日か三日ぐらいしかないとおっしゃってましたね。

中村　そうです。野球のような通算記録じゃないところが辛い。それに試合となるとエベレスト登頂と同じで、登って下りてきたら、また一から準備をしないとダメなんです。瀬古はいままで六回大きな試合に出ておりますけれども、いいところ八回か九回ですね。それで一生を終わるんです。だから真剣勝負は一生涯にあと数回しかないんです。

野村　先生から見れば、球技の世界の甘さというのを感じられるんじゃないですか。球技はボールに頼るということがあるけれども、陸上は頼るものがない。自分しか頼れないわけですね。

中村　特に、マラソンの場合は、球技のように技術の習得とかなんにもないんです。原始の姿そのものですから、誰でもできる。非常に動作が単純です。単純なことを深めていこうというんですからね。

野村　単純なことほどむずかしいですよね。

中村　走るときは八十キロ、九十キロ走ります。朝十時ぐらいから始めて、終わるのは夕方五時ですよ。その間、寸刻の油断もできない。ずーっと集中して走るわけです。

野村　瀬古選手なら瀬古選手に一番合った練習方法とか、食事量とか、そういうものは何年ぐらいで出るものなんですか。

中村　コンディションによって違います。ベストというのは、その日にベストということです。

野村　トータルとしては出てこないんですか。

中村　出てこないです。基本はあるけれども一期一会です。今日はコンディションが悪くて疲れたなというようなときでも、練習を休んだら充電した電気が放電してしまう。だから、疲れだけとって練習の成果は小骨一本も逃がさないようにするにはどうしたらいいかを考えるわけです。

野村　よく選手がついていきますね。ぼくらはプロだといって大きな顔してやってますけど、恥ずかしいです。

中村　いまから三年ぐらい前に、「瀬古、おまえはどのくらい練習量をふやせるか」と聞いたら、「そうですねぇ、来年、現在やっている練習の質と量を五パーセント上げたら、もう精いっぱいだと思います」と。絶えず限界を歩いているんですね。これから出たら、もうオーバーワークです。足らないと練習不足で負ける。この間言ったんです、自分の会心の練習記録を出したときはベストの練習ではないな、きょうは疲れたなというときにその練習をいかにして完璧な練習にするかということがその日のベストである、とね。

野村　先生のお話を聞いてると、自分の甘さをいやというほど認識させられます。

中村　私は好きでやってるんですよ。道楽。

野村　だけど、道楽で世界一はつくれないですよ（笑い）。

中村　やりだしたら止まらないんですよ。

野村　利害がないから世界一が生まれるんでしょうね。

中村　金をもらわんでしょう。だから、やりやすいですね。やきもちやいていろいろ言ったり、足を引っ張ったりする人もいるけれども、もらってないから非常に気が楽です。

野村　限界ということについてもう少し聞かせてください。

中村　限界はだんだん変わっていくんです。

野村　それは先生が瀬古選手の練習を見て感じられるんですか、瀬古自身が限界というものを知ってるわけですか。

中村　私には分かります。医者は患者を診察して薬を盛りますね。それ以上は飲ませたらいかんという分量がありますね。あれと同じです。

野村　よく人生をマラソンにたとえますね……。

中村　そりゃ、おもしろ半分じゃできないですよ、こんなバカなこと（笑い）。百獣の王、トラでもライオンでも、何に負けるかというと、外敵には負けないけれども、獅子身中の虫に倒れる。身中の虫というのは、油断だとか、慢心とかそういうことです。瀬古でも油断しますよ。私は、試合に勝っても、一回もほめたことないんです。油断するな、負けたと思えというんです。彼、若いから、不満で不満で、なんで一回でもほめてくれないのかと涙を出しますよ。

野村　肉体的な要素だけではマラソンはできないということですね。だから、そういうところからほかに何かを求めないと。

中村　サラザールも、足が痛くて痛くて、これで終わりかというような試練に遭っています。そうすると、彼は神が自分に試練を与えたんだ、感謝しなければならない。神が試練を授けてくれたというんです。ウーンと思いました。

野村　ぼくは、二十七年もプロで野球をやりましたが、人間の弱さだけ見えて、強さはついに見えなかった。先生のお話を聞いていると、人間の強さというものをトコトン知っていらっしゃるような気がするんですけど。

中村　いや、そうじゃないです。

野村　先生の立場でも弱さしか見えないですか。

中村　そうです。人間なんてはかない、人生ははかない。

野村　強い選手になろうと思ったら、金も何もかも捨てる覚悟がいる、といわれるゆえんはそのへんですか。

ょうか。

中村　そうです。欲から入ったらだめなんです。やかましいでしょ、私は。

野村　そういう思想で選手がついていくというのは、何なんだろうと思うんですよ。辛いこととか、苦しいことからは大体逃げたいでしょう。何で先生についていくんでしょうか。

中村　やっぱり愛ですね。選手を愛し、陸上を愛してますからね。これが両方の足になっているんです。私は選手をあまり怒らないですよ、瀬古でも誰でも。

野村　そうらしいですね。殴ったことがないと。

中村　殴らないです。選手を殴るんだったら自分のほっぺたをかわりにたたきます。十でも、二十でも。私が早稲田の監督に就任したとき、みんな髪はざんばら髪、グラウンドはタバコの吸い殻だらけ、草はぼうぼう、合宿所なんて倉庫どころか空き家同然でした。それで、選手に、就任の挨拶のとき、私は欠陥の多い人間だけど一生懸命やるから、といったんです。ただ、おまえらのいうことはもうガマンできない、だから一つだけたたかせてくれ、そのかわりおれも自分のほっぺたをたたくから、といって自分のほっぺたを何百とたたいたことがありました。若い衆、笑ってましたよ、バカだな、あのじいさん、自分の顔たたいて、頭変なんだ、という感じで。

野村　先生は、草を食えというんなら草だって食う、砂を食えというんなら砂も食うといって、実際にやられたそうですね。

中村　そうです。そのかわり、おれと一緒にやろうと。

野村　だれがいったか、ぼくの好きなことばに「財を残すを下、仕事を残すを中、人を残すを上とする」というのがありますけれども、先生のお話を聞いていると、まったくこの言葉どおりという感じがしますね。

中村　そうじゃないんですよ。陸上狂いで、好きだからやっているんですよ。頭の毛を刈らせたんですけれども、毛が長いからといって、一秒遅くなるとか、そういうことはないけれども、不潔でしょう。手入れをしてると時間もかかるしね。

野村　江本というピッチャーが長髪でやってたんですね。ぼくは三十五歳なんていう若いときに監督をやったんですけれども、どうもその長髪が許せないんで、切れといったんですよ。そうしたら、頭の毛と野球とどう関係があるんですかときたんですね。ぼくは、もっと勉強して裏づけをつくってから禁止令を出すべきだったと、恥ずかしい思いをしました。

中村　陸上競技は個人競技だけど、個人競技なるがゆえにチームとしての団結が必要なんだといったんですよ。監督が、心を一つにしてやろうじゃないかといっているんだと。監督が、頭を刈れといったら監督も丸刈りになる、と。選手に頭を刈れといったときは、中村も丸刈りになったんですから。二年かかりましたよ、自発的に刈らせるのに。だから、指導というのは根比べですよ。もちろん、強制的にやろうと思えばできます。だけど、赤かぶと同じで、表面だけ赤くて中は白いです。

野村　先生は分からせて動かすということなんですね。

中村　中村清を模範にせいというんです。人間だから欠点があるかもしれないけれども、おれを模範にせい、家にきてみろ、中村は私利私欲はない、おまえらに一生懸命なんだと。

野村　しかし、砂を食うところまではなかなかできないですよ。おまえらはおれのいうことが聞けんのか、おれはおまえらのいうことが聞ける、というのはすごい。

中村　小便でも飲めというんなら飲んでみせると。ただ、選手は急にそういう教育が始まったものだから、反感を持ちましてね。だから、監督がしゃくにさわるなら、監督につばをかけてもいい、殴ってもいい、おれはおまえらに好かれようとは思わない、おまえらが立派な選手になるんなら監督は半殺しに遭ってもいい、といったんです。選手も勝てんですよ、そういわれたら。

野村　リーダーとしての自信がそうさせるんですね。

中村　うちに来て選手はものを食べるでしょう。うちの家内は三十六年間そうやってきた。見て下さい、うちには何にもない。洋服の一枚もない。

野村 奥さんは、この家だけは売ってくれるなといわれるそうですね。

中村 寝るところがなくなるからね（笑い）。

野村 奥さんは偉いですね。

中村 三十六年間一回でももったいないといったことはないです。結婚する前、ここという見どころのない男はたくさんいる、あなたには陸上に対する純粋な忠誠心がある、選手をとてもかわいがる、それがあるからあなたと一緒になるといったんです。

野村 ところで選手というのは一体、育つんですか、育てるものですか。

中村 育てる気で育てますが、ほんとは育つんです。

野村 なるほど。

中村 だから、選手を見て、直観的にこの選手はいけるなというのはどのくらい育つかといわれれば、十人いたら十人育ちます。名もなき選手がついでに育ちますから、三人いたら五人育ちます、五人いたら十人育ちますよ。怒られてばかりいますけど。

野村 環境が人を育てるといいますけれども、引きずりこまれるんですね。

中村 瀬古と一番弱い選手は、宮本武蔵と小学生ぐらい違います。だけど、その選手の記録は、彼の生涯において、最高の価値があるんですよ。瀬古のような選手は、強いオリンピック選手にする。インタハイでナンバーワンになれる者はナンバーワンにする。それから、おしまいのほうには、はしにも棒にもかからん選手がいる。それでも、全身全霊一生懸命練習している。その記録は、彼の人生にとって、とても大切なんです。

野村　素人のような質問なんですけれども、二時間十分前後走ってるとき、選手は何を考えて走ってるんですか。

中村　考えないものなんです。あなたが無意識にバットを振るでしょう、そのとき何を考えます？

野村　ぼくは修業が足りないから、直球かな、カーブかなと考えてますけどね。

中村　振った瞬間は何も思ってないでしょう。

野村　そうですね、一瞬は。

中村　その気持ちですよ。

野村　一般的に集中力には限界があるといわれてますけれども、先生にいわせればそうじゃないんですか。

中村　瀬古の天性は何かといえば、新鮮そのもののような集中力が永続することですよ。毎日、集中している。

野村　世界のマラソン選手というのはわれわれ凡人からは……。

中村　瀬古といえども凡人です。私が瀬古にしているのは鈍才教育です。天才教育じゃないです。

野村　鈍才教育というのは、単純で、当たり前のことをコツコツと覚えるということですか。

中村　雨だれがポタポタ落ちている、うるさいなと見たら大きな穴があいていた、雨だれ岩をもうがつ、これですよ。瀬古は水に似ている。丸い器に入っているときは、サーッと入っていきます。それがいったんナイヤガラの瀑布に入ったら、ワーッとなるんですね。すごい勢いですよ、ダーッと。

野村　陸上競技がプロ陸上競技になってしまうと、衰退しますか。

中村　私は、金はもらいませんけれども、絶対にプロだと思ってます。私はプロです。

野村　お話を聞いていると、完全にプロですよね。これを見せるスポーツにして、お金がからむとどうなりますか。

中村　金をくれたらくれたで、余計に責任を感じて、もっと一生懸命になりますよ。とうとう中村は陸上競技のために死んだということになりますよ（笑い）。

野村　なるほど。その精神なんですね、ほめられたらやる、けなされるとさらにやる、と。ところで、オリンピックが近づくと、瀬古選手の動向が気になりますが……。

中村　なにも心配してません。毎日、ベストを尽くせるかということにおいて心配しているだけです。結果はおのずから生まれてくる。足が痛かったら一生懸命足を治す。二月か三月に体が悪くなって、瀬古はよく眠れなくなった。そのときは私も寝ない。私は血圧が二百五十に上がって、心拍数が一分間で三十六から百十までいきましたよ。とっても心配しました。子供が病気をして心配しない親はいないでしょう。瀬古だってこちらが死ぬ気でやってるからついてくるんです。

野村　親以上ですね。お話を聞いていて、厳しくても選手がついていくというのがよく分かりました。最近、世代が違うとどうのこうのとよく言いますけれども、中村さんの場合は、そういうことは関係ないですね。

中村　人間の本当の中身は何万年昔も同じです。瀬古なんか、「しっかりやろうな、みんな心配してくれてるからやろうな」というと、「はい」といって、涙をポロ－ッとこぼしますよ。

野村　帰りは自己嫌悪ですよ、先生はすごすぎる。プロ球界に先生がいらっしゃらなくてよかった。監督をやっていらしたら、まず勝てない。

（83・10・14）

仕事どころを心得ている人間

ＭＶＰというのはMost Valuable Playerの頭文字を取ったものだ。昔はそれを最高殊勲選手と訳していた。今は最優秀選手と呼んでいる。私はどちらかというと前の言い方のほうがいいと思う。「最高殊勲」というからにはチームの優勝が土台になる。優勝に最も貢献した、という感じが字面によく表れている。「最優秀」となると、そのへんの意識がいささか薄まるような気がしてならない。

なぜ、変えたのだろう。訳のうえで不都合でもあったのだろうか。気になったので、家内に聞いてみた。家内はあちらで生活していたこともあって、私より語学はずっと堪能である。だから外国人選手がウチにやってきたりすると、家内がもっぱらお相手をして、私は東洋の微笑をふりまく役にまわる。さて、肝心のＭＶＰだが、彼女の言では、

「どちらでもかまわない」

ということらしい。Valuableが問題だけど、これは貴重なとか、かけがえのない、という意味だから、どちらをとってもおかしくない、というのである。しかし、それなら別に名称を変更する必要もないではないか。最高殊勲選手で十分である。なのにあえて変更したのは言葉の意味とは別に、どこに力点を置くか、というところを変えたかったからだろう。同じ「価値ある」でも、優勝チームにとってなのか、そのリーグにとってなのかでは意味内容が微妙に違う。

皮肉なことに私は呼び名の変わった昭和三十八年、初代の「最優秀選手」に選ばれた。この年のチャンピオンチームは西鉄だったから、MVP史上初の方針転換である。それまでは全員、優勝チームから選出されてきた。私は二十八勝を稼いだ西鉄のエース稲尾が選ばれるものと思っていた。それが妙な具合で私にお鉢がまわってきたわけだが、素直に喜べなかった。稲尾に申し訳ないという思いが強かった。名称変更以降、私のほかに王と落合が優勝と関係なく受賞しているが、それぞれ、心のどこかでしっくりいかないものを感じていたと思う。やはりMVPは優勝チームから出さなければいけない。それがスジというものだろう。

その点、今シーズンのセはすんなり落ち着くのではないか。すでに、原、江川、松本、槙原といったところが、ヤレ本命だ穴馬だとささやかれている。私は有力視されているこうした選手たちに一目も二目も置いているし、称賛するにやぶさかではない。しかし、同時にちょっと待てよ、という気持ちも働く。

現役時代、どこのチームにも、「アイツさえいなければ」「ケガで休んでくれたら」と相手に嫌がられる選手がいた。その基準を江川たち巨人のMVP候補にあてはめてみるとどうだろう。原を除くと江川、松本、槙原の三人はケガや不調で一時、戦列から離れている。が、その間、チームは致命的な損傷をこうむったか、というと、そうでもない。けっこうやってきている。

MVPレースの下馬評には上っていないが、山倉が欠場したときはそうはいかなかった。広島に追いつかれたのも彼の不在がきっかけになっている。私のスコアブックを見ると、山倉のいない六月二十四日から七月二日の間に巨人はカープに二度ぶつかって一勝四敗、阪神にも一勝二敗と負け越している。ゲーム差は一気に三ゲームに縮まってしまった。

山倉は私に似てノッソリしたタイプである。本人は一生懸命やっているのだが、まわりから見るとなんだか覇気がなくみえる。精悍な感じのする中日の中尾あたりと比べると、どうしても損をする。けれどジャイアンツ投手陣に対する山倉の貢献度ははかり知れない。ジャイアンツの四人のキャッチャーがマスクをかぶったゲームを振り返ると、山倉は十月七日現在で百七試合に出場、六十四勝三十五敗八分け、実に六割四分六厘の勝率である。これに対し笹本の場合は四勝六敗、吉田は一勝三敗、福嶋は勝ち星なしの一敗。全員合わせても五勝十敗、三割三分三厘にしかならない。

山倉の堅陣ぶりを示すデータがあるので紹介したい。チーム別のパスボールの数である。ただし、ピッチャーの暴投とパスボールは紙一重という、私の持論に従ってここでは両方をプラスした数字を列記するとしよう。それによると、巨人は十五回で、セ・リーグ六球団のうち、もっとも成績がいい。以下、広島の十六、中日の二十と続くが、おおむね順位と結びついている。

もうひとつ、盗塁阻止率もずば抜けている。四割二分とよかったが、今年はさらにそれを一厘一毛上回っている。四割二分一厘の辻あたりがライバルだが、辻とでは試合数が違う。ほかの捕手は三割台がいいほうで、あとは二割台の低率だから問題にならない。盗塁の阻止はピッチャーの協力なくしてはできないから、すべてを彼の手柄にするわけにもいかないが、亭主をそうしつけるあたり、なかなかの女房ぶりといっていい。

それに打撃も悪くない。先制打、同点打、勝ち越し打、逆転打の本数が十一本もある。原の三十本は別にして、中畑、スミスといった中軸ですら十六本にすぎないことを考えると、この数字は特筆に値するだろう。

キャッチャーほど損なポジションはない。私がいうと身びいきに受けとられかねないが、まぎれもない事実だ。ファインプレーをしたところで目立たないし、ましてや大歓声など、とんと縁がない。大向こうをうならせるポジションではないから、MVPの選考となると、ハナから問題にならない。たまに認めてくれる人がいても、

「よくやっているけどね」

といった程度である。私は都合五回、この賞をいただいたが、守備で選んだ、という人に会ったことがない。山倉はそんな地味な職場でコツコツと実績を積みあげてきた。守備面、打撃面ともに、各チームはもっと早くから山倉をマークすべきだった。

一方の西武はどうか。ペナントレースも終盤になって、広岡さんがやたらに山崎をほめるようになった。スポーツ紙の談話を注意して読んでみると、

「ことというところでよく打つ」

とか、

「仕事どころを心得ておるわ」

といった類のほめ言葉が必ず載っている。本当ならその日のヒーローである東尾やテリーに触れてやっておかしくないのに、そんなことは知らん顔で山崎を持ちあげる。

広岡さんは見た目のハデさを極端に嫌う人だ。ホームランは打つが守備は小学生並み、といった選手は本来ならハナにもかけたくない人である。だからヤクルト時代にあのマニエルを切った。マニエルほどではないが、テリーも守備音痴の部類に入る。肩もほめられた代物ではない。まあ、巨人のスミスと似たりよったりではないか。そのテリーがMVPレースでは評判が高い。そこに広岡さんはカチンときたのだろう。だから意識的に山崎にスポットライトを当てているのではないか。といって、山崎へのほめ言葉が広岡監督の単なるリップサービスか、というとそうではない。

得点プラス打点マイナス本塁打イコール打撃部門の貢献度、という方程式が、アメリカでよく使われる。日本の場合、野球が始まってこのかた、とにかく打点偏重が続いている。日本式算定法だと、中軸バッターにはいいが、出塁を旨とする一、二番バッターには光があたりにくい。四番を打たないといつも損得計算が赤字になってしまう仕組みになっている。アメリカ式のいいところは、ホームランの数を引く点だろう。ホームランを加算しなくとも打点と得点の項目があれば、ホームランの価値はその中で十分評価できる、という考え方である。これだと、打順に関係なくチームの得点に自分がどれだけかかわっているか、いやでもはっきりする。なかなか合理的な数式だと思う。

さて、話を山崎に戻そう。この方法で西武の各バッターの勤務ぶりを出してみると、山崎が一四八点、テリーが一三六点、以下スティーブ、石毛、大田、田淵の順である。山崎がいかに二番打者として出塁を心がけているかがうかがえる。広岡さんのことだから案外、この方式など先刻ご承知だったのかもしれない。

隠れた立役者に投手の森をあげる人も多いと思うが、森の場合、大差で登板しているケースがけっこうあるし、それに左腕永射とペアで使われることが少なくない。左バッターを永射で打ち取ってから森へスイッチというパターンである。つまり、使われ方にまだ厳しさがない。ひとりですべてを処理しきれるか、というともう少し時間がいるのではないか。

もっともここは例の玄米豆乳居士でもっているチームである。先日も江夏とパのMVPの話をしていて、

「西武はやっぱり広岡のオッサンでしょう」

という結論に落ち着いた。選手が対象の賞を監督に与えるわけにはいかないが、江夏ならずとも衆目の一致するところだろう。

（83・10・21）

ワンアウトを取る手段をいくつ持ってるか

パ・リーグの選手には抜きがたい巨人コンプレックスがある。満員の球場でいつもライトを浴びているジャイアンツの選手たちにわが身を比べれば、そぞろ秋風が身にしみる。同じ野球選手なのになんでや、という不条理感が選手といわず監督といわず、腹の底にわだかまっている。人気のセ、実力のパ、などというキャッチフレーズもそうした意識の裏返しである。日本シリーズになると、ふさがるほど積もっていた巨人コンプレックスがムクムクと頭をもたげる。

西武の場合も去年なら、

「ふーん、中日か」

という受け止め方だったと思う。しかし、今年は、

「よおし、巨人だな」

と血圧、脈拍数ともに異常な高ぶりを示しているはずだ。

マスコミも巨人相手のシリーズだと、パのチームがカチンとくるような聞き方をする。とくに其系列紙になると質問のいやらしさが他と際だつ。南海時代、ホークスは杉浦を擁してジャイアンツを打ち破ろうと意気さかんだった。そんなとき、その筋の記者は、

「いくら三十八勝したピッチャーでも、巨人には優秀な左バッターがいっぱいいますからね。通用しないんじゃないですか」

と、妙に粘りつく物の言い方をする。こちらはカッときて、よおし、見てろよ、と心に誓う。

闘争心というのはゲームの際の大切な要素だが、過剰になると、力が上すべりして逆効果になる。顔面朱に染めて突っ込んだあげくハタキ込みでバッタリ、というパターンである。といって、抑えれば抑えられる、といった代物ではない。それだけに厄介である。ライオンズはパのこうした宿命を背負って戦うことになる。本来はライオンズがチャンピオンチームなのだから、巨人のほうにこそ気負いがあってしかるべきなのだが、現実にはぶつかっていくのは西武である。パのチームのこのへんがつらいところだ。もっとも広岡さんは選手心理をつかみ、それを戦力として利用するのにたけた人である。ライオンの調教はお手のものかもしれない。その意味で、私はこんどのシリーズを広岡

対巨人の戦いだと思っている。

投

巨人 6—4 西武

巨人の野球は典型的な先行逃げ切りである。先取点を取ったときの勝率は七割八分二厘、と圧倒的だ。これは投手陣の力によるところが大きい。なかでも江川、西本、槙原の先発組である。パ・リーグにはこの三人のようなタイプがいないからライオンズ打線はかなりてこずるのではないか。

このうちカギを握るのは江川だ。西本のような技巧派はなんとか工夫を重ねれば突破口を探せる。が、本格派が調子を出すと手も足も出ない。稲尾とか金田の全盛期を思い浮かべていただければお分かりと思う。江川にはそうした強みがある。例年、彼はシーズンの中盤がピークで後半はバテる、というペース配分だったが、今年は後半にきてやっとエンジンがかかった。ヤル気も充実している。シーズンの好調をそのまま持ちこまれると相当苦戦を覚悟しなければなるまい。

しかし、懸念がないわけではない。それは彼がどうやら夜型人間であるという点だ。今年、江川は二回、デーゲームに投げている。成績は一勝一敗だが、内容はよくない。

過去の戦績もデーゲームは八勝十一敗と負け越している。気になったので一昨年の日ハムとのシリーズのデータを調べてみたら、二十四イニング投げて被安打二十三、奪三振十三とふるわない。ナイターでは一試合に七、八個の三振をとっているのに、昼間になるとからきし意気地がない。

シリーズに入ると全員ホテルに缶づめにされて、早寝早起き、まるで高校野球のような生活を強いられるわけだが、長い間の習性はそう簡単に直らない。不安材料は実に江川の体質にあるといっていい。

巨人はおそらく主力投手陣を四人にしぼってくるだろう。江川、西本、槙原のほかに加藤である。角が間に合いそうにないので、抑え役を加藤がすると思う。鹿取、新浦といったところもいるにはいるが、彼らはお付き合い程度で、ものの数には入っていない。ここで不安なのは槙原の肩だ。シリーズまでに治らなければ6―4の勢力比が逆転しかねない。

対するライオンズの軸は東尾をおいてほかにいない。東尾は大試合になればなるほど力を発揮する。去年のシリーズは本当に驚いた。私は彼の球を打ち、受けもしたが、一球一球に今までに見たことのないキレがあった。スピードだって、どうしてどうして技巧派の域を超えていた。この東尾が去年同様、ストッパーとして出てくるだろう。先発完投に回すと七戦やっても二勝がいいところだ。が、ストッパーとして使えば二勝二セーブ程度は期待できる。また、それだけの成績を東尾が残さなければ西武の勝ちはないだろう。

こういうと、抑えには森がいるではないか、という方がいるに違いないが、森にシリーズの抑えをまかせるにはまだ少し早い。なるほど彼は江夏とセーブ王を争っている。けれど内容は数字ほどではない。大差で使われているケースが意外に多い。少なくとも九セーブは差し引いて考えたほうがいい。もちろん彼が公式戦以上の活躍をしてくれれば文句はないが、ここ一番というときに使えるだろうか。私は、森は東尾につなぐリリーフ役が適任だと思う。

西武で問題なのはリリーフ陣よりも先発グループだ。松沼兄弟、高橋、杉本と、一応、頭数はそろっているが決定的なものがない。ここにきて松沼の兄やんが肩を痛めたのも気になる。先発がどこまで頑張れるか、そしていい状態で東尾につなげるか。西武のポイントはひとえに継投にある。

打

西武 6—4 巨人

公式戦の中盤まで西武は南海にてこずった。私はその理由を広岡さんに聞いたことがある。すると彼は即座に、

「なあに、あそこの投手がいいからだよ」

といった。そのとおりだと思う。たしかにライオンズ打線の各部門での数字は立派なものである。しかし、そのライオンズ打線といえどもホークスの投手陣に苦しんだことを思いおこせば、数字が示すほどの力を、そこに見るのは間違いではないか。

本当に力強い打線というのはたとえば王、長嶋のいた巨人、中西、大下のいた西鉄、そういったラインアップをいうのだ。彼らは相手が村山であろうと江夏であろうと、ここぞというときには打った。好投手相手のときにはさすがに華々しい数字は残していないが、なんとか打って、チームを勝利に導くことができた。西武の打線はまだそこまでいっていない。

さて、問題は田淵の回復度だが、先日、見た限りでは左腕が細くなってしまって痛々しかった。バッティングも左をかばっているのがはっきりうかがえた。田淵に多くを期待しては酷に過ぎる。それと、仮に田淵がかなり良くなっても片平との併用が難しい。片平も打てる一塁手だけにどちらを使うか、頭の痛いところだ。

一方の巨人はスミスがカギを握っている。広岡・森の両首脳は巨人のことなら先刻ご

承知である。おそらく森は各打者の攻め方を投手陣に徹底的に教えこんでいる。巨人打線にとってこれは脅威だ。しかし、スミスだけはよく分からない。もちろんスコアラーの報告を通じて、頭の中で攻め方の研究は怠りないだろうが、他の選手の場合と違って経験的に知っているわけではない。スミスのホームラン生産率がリーグ一という記録も気になる。何億円もの契約金で招き、一時は虚砲といわれかけた助っ人の存在がここに来て急に大きくなった。

巨人の打者がお嬢さんといわれて久しい。胸元をえぐるような球がくると、見苦しいほど腰を引く。へっぴり腰になって、次の外角球についていけない。こういうことはずいぶん前からいわれているが、セで、それを実行する投手がほとんどいない。しかし、向こうっ気の強い東尾ならやるだろう。ケンカ投法が生きてくると思う。

走

巨人 6—4 西武

打と走とは密接にかかわりを持つ。だから、私は打と走を分離して採点するのに賛成できない。バットを持つだけならそれは西武のほうが上だが、走を織りまぜた攻撃全体を評価するとなると、逆に6—4で巨人を推したい。

なんといっても松本の存在が大きい。ヘタをすると彼ひとりで西武全体の足を上回る。しかも、西武のピッチャーは高橋にしても松沼兄弟にしてもセットポジションがヘタで、これでは松本に走って下さい、といっているようなものだ。高橋が広島時代、巨人に通じなかった理由のひとつはここにある。松本の足を牽制できるのは東尾と、しいていえば杉本ぐらいではないか。

盗塁阻止率を見ると西武捕手陣は二割台。巨人は山倉が四割台を誇っている。これはなにも西武のキャッチャーが悪いわけではない。大石、黒田、伊東を山倉と比べた場合、肩だけならそう見劣りしない。なのにこれだけ阻止率が悪いのはライオンズ投手陣の小学生並みの牽制技術のせいだ。

Ｖ９時代の巨人と阪急がシリーズでぶつかったとき、森は公式戦の後半から多摩川にいって、ひとり、福本の足を封じる工夫をめぐらせた。キャッチャーはセカンド送球の際、ボールの縫い目に指がかからないまま投げる。縫い目を探して握り直しているひまはない。つかんでわき目もふらずにエイヤッとやる。しかし、ピタッと縫い目に合えばコントロールもスピードも段違いだ。森はこの技術を習得した。だからこそ、福本を抑えることができたといった。このシリーズは結局、福本が走れず巨人の思うツボに終わったが、あとで福本に尋ねたところ、

「あれは堀内にやられたんですわ。モーションが盗めんかった」

と白状した。森の細工もいくばくかの効果はあったのだろうが、最大の決め手は堀内のセットポジションでの投球技術だったのである。その点、巨人の投手陣は伝統的にこれがうまい。ライオンズのランナーはベースに釘づけになる可能性がある。

守

巨人 5—5 西武

となると、西武ベンチはバントを使わざるを得ない。ヒット・エンド・ランも、もちろん選択肢のひとつだが、江川や槙原といった速球派の球を転がすのはなかなか難しい。凡フライの危険を冒すより、ここ一番では堅実なバント作戦を選ぶだろう。当然、原と中畑はバントシフトを敷いてくる。猛然とつっこんで、あわよくば二封を狙ってくるに違いない。

逆に今度は巨人が送りバントをしたときのシーンを想定してみよう。田淵とスティーブがつっこんではくる。くるけれど、どこか心もとない。このあたりはどうみても巨人に分がある。二遊間は互角だが、外野にいくと松本のいる分だけ、やはり巨人がいい。

それでもなお全体の守備力を互角と判断したのは、広岡さんの力を無視できないからだ。十二球団を見回して、今、報道陣を締め出して秘密練習をするのは西武のほかにない。やっているのはサインプレーである。そう特殊なことをしているとも思えないが、こうした環境の中で練習をすると、選手の間に思わぬ波及効果が出てくる。打って、走って、捕って、ただそれだけを繰り返しているのではない。もう一段高度な野球をしているんだ。そういう意識が次第に芽生えてくる。

西武は現在、ちょうどその段階にある。一人ひとりのプレーはつたなくとも、どうすれば進塁を阻止できるのか、どうすれば走者を殺せるのか、といったテーマに全員が取り組んでいる。そうした知的な態度は昔、巨人にもあったが、今は見られない。そのせいか、ここ数年、巨人の野球は変わってきている。以前はワンアウトをとる手段がいろいろあった。ノウハウがひきだしにたくさんはいっていた。しかし、今はワンアウトをピッチャーの力でとる。個人の力に頼る比率が高くなったように思う。

ことチームプレーに関する限り発展途上国と老大国ほどの差があるかもしれない。守備面で五分とみたのは、建国の父を抱く途上国ライオンズの勢いを買ったからだ。

（83・10・28）

できる男は段取り力がある

「できる男」の条件について、いつだったか、ある大手メーカーの部長さんたちと話し合ったことがある。「できる」というのはもちろん仕事が、の意味である。近ごろは「できる女」というのもたくさんいるそうだから、なにも「男」に限る必要はないのだが、このときはなりゆき上、そうなった。含むところあって「男」としたわけではない。女性を敵にまわすのは私の本意とするところではないので念のためひとこと付け加えておく。さて、その席上、部長さんたちがあげたできる男の条件のナンバーワンは、

「段取りをつけるのがうまい」

ということだった。ほかにもさまざまな条件があったけれど、これが確か、満票だったと思う。働く場こそ違え、この評価基準はわが業界でも同じだ。とくに監督やコーチになると仕事の大半は準備作業といっていい。

今年の日本シリーズを見ていて、広岡さんの用意万端ぶりにはつくづく感じ入った。部長さんたちが知ったら間違いなく二重丸をつけるだろう。球界広しといえども、こと段取りの周到さに関してこの人の右に出る者はまず、いまい。

第一戦にそれがよく表れていた。まず、兄やんこと松沼博久投手のセットポジションである。兄やんはもともと器用なほうではない。ゆったりした大きなフォームで投げないといい球がいかない。セットポジションになってもその調子でやるからランナーはビュンビュン走る。信号なしの松沼大通りなどといわれた。それがこのシリーズはだいぶよくなっている。まだまだうまくはないが努力の跡がうかがえる。広岡さんのことだからシリーズ前の練習で徹底的にしごいたのだろう。松本に走られたものの、まあ、見られるようになった。信号というにはお粗末だが、交通標識ぐらいは立ったように思える。

兄やんに関してもうひとついえば二回無死一、二塁からの送りバントも見事だった。江川の直球を三塁線上に、計ったように転がした。手本のようなバントである。これは簡単なようでいて難しい。パ・リーグにはDH（指名打者）制があるおかげでピッチャーはほとんど打席に入らない。公式戦の間、バントの機会は皆無といっていいだろう。となると、シリーズでバントのサインが出されてもおいそれとはできない。自分でも経験のある江夏が、

「速い球をドーンと胸元に投げられると怖くて、つい、腰がひける。情けない話やけど生易しいもんじゃないでぇ」

といっていたが、そのとおりだと思う。それをああもうまくきめたのだから、兄やんだけでなく西武投手陣のバント練習は相当厳しかったに違いない。

腰がひける、といえばライオンズ投手陣の内角攻めも徹底していた。なかでも原は執拗にやられた。第二戦で高橋がど真ん中の直球をホームランされ、せっかくの原封じ込め作戦にケチをつけたが、第一戦に出た兄やんと東尾の球はときに胸元をえぐり、原を及び腰にさせた。これも事前のデータ収集とそれに基づく戦法である。そのほかでも、黒田のバスターあり、強風を計算にいれたテリーの前進守備ありと、第一戦では西武の事前準備がことごとくあたった。

日本シリーズを公式戦の延長のようにいう人が球界にもよくいる。ふだん着野球などという。しかし、これは違う。長丁場の公式戦は今日がダメなら明日がある。けれど、シリーズではそれがきかない。毎日毎日がガケッぷちである。どちらかというと甲子園大会と似ている。しかも同じ相手とばかりやるわけだから弱点の攻めあいは公式戦の比ではない。溺れた犬は完膚なきまでにたたく気でいかないとこちらがやられる。一球の持つ重さがシーズンとでは質的に違ってくる。毎年、出場チームがシリーズ前にミニキャンプを張るのも「傾向と対策」をたたきこむ必要があってのことだ。

南海時代、私たちは蔭山和夫さんや寺田陽介（一塁手）と、ことあるごとにシリーズ用の野球談議を闘わせた。巨人はそのころからホテルをとって、文字どおり合宿生活をしていたが、貧乏球団のわれわれはそうはいかなかった。そこで練習の合間や球場の行き帰りに仲間同士で集まっては策を練った。

鶴岡さんは、

「プロらしくせい」

というばかりで細かいことは何ひとついわない人だったから、その分、選手同士で補いあった。ああしたろ、こうしたほうがええとみんなで話しているうちに、新しいサインプレーが生まれたりした。

今でこそサインプレーのイロハになってしまったが、ランナー一、二塁のときの一塁ランナーの殺し方はそのときの討論が基になった。二塁に走者がいると、一塁走者は前がつまっているため、つい警戒心が緩む。そこがこちらのつけ目である。一塁手は、ランナーなんて無視してますよとばかりに後方へさがりランナーの離塁をうながす。一塁手がベースにいないからランナーは一層、気を許し、漫然としたリードをする。その瞬間、一塁手が飛びこみ、投手は振りむきざまに牽制する。捕手、投手、一塁手の間の単純なサインプレーだが、当時はこれでも斬新だった。

サインプレーの件はさておいて、ミニ合宿で、こうしたシリーズ用の練習を積むことは、選手たちをいやおうもなくその気にさせる。闘争心や集中心が高まってくる。目に見えないことだがこれは重要だと思う。

去年、中日は公式戦優勝の祝い酒の臭いをさせたままシリーズに突入した。気持ちの切り替えができず、いいところなく敗れ去った。まだ、ファンの記憶に新しいと思う。その点、今年は西武も巨人も十分に時間があり、それぞれ練習を積んでシリーズに臨んだ。しかし、一、二戦を見る限りでは両者の姿勢にかなりの差がある。シリーズ用の練習をみっちり積んだ西武に対し、巨人は練習はしたが、それは対西武用というより一般的な調整の域を出ていない。徹底さがないのである。内角速球が苦手というデータがありながら田淵に甘いカーブを投げてホームランを浴びた江川なんぞ、そのいい例である。初戦は明らかに広岡さんの準備勝ちだった。西武が右上手まわしをがっちり取ったかっこうだろうか。

選手を信用はしないが信頼はする、と訳の分からないことをいった天才監督がいるそうだが、藤田さんの野球は純粋に選手を信用するところから始まる。信用するからこそ、途中であまり先発メンバーを変えない。お前たちにまかせた、あとは頼むぞ、といって辛抱する。なかでも江川、西本、槙原といった先発三本柱への信頼度はかなり高い。事実、巨人はシーズンをこの三人にまかせて勝ち進んできた。シリーズに入っても基本戦略に変わりはない。このあたりが西武とはだいぶ違う。

西武カラーのにじみ出た第一戦に対し、第二戦は藤田野球が顔をのぞかせた。藤田さんはあの試合、おそらくなにもすることがなかったろう。それほど西本のデキは良かった。ライオンズ打線もただ手をこまぬいていたわけではない。第一戦でホームランを打った田淵が報道陣に、

「江川のクセはビデオを毎日いやになるほど見たから……」

と、しゃべっている。つまり江川は予習好きの西武に研究しつくされていたとみるべきだろう。その延長線で考えれば西本についても同じことがいえる。こちらのビデオも負けず劣らずの量になったと思う。西武の打者たちは全員、西本のシュートに要注意のレッテルをはっていたはずだ。にもかかわらず散発四安打に完封されてしまった。彼の投球を分析してみると全投球数百十五球のうち六十九球がシュートである。いくらシュートが得意球といってもこれはない。通常、三〇パーセント程度に収めるものだ。それをこれほどの比率で投げたのはいわば挑発である。打てるものなら打ってみろというところだろう。

西武打線はシュートがあまりに多いので、捨てるわけにもいかず途中から、あえてシュート狙いをしてきた。しかし結果は内野ゴロのオンパレード、外野に一本のフライも飛ばなかった。外野手の「守備機会」なしはシリーズの記録だというからお手上げである。

西本の好投は山倉の緊張をも解きほぐした。第一戦で迷いの見えた山倉がこの日はシーズン中の平常心を取り戻した。田淵を十球連続のシュート攻めで第二打席以降沈黙させたあたりに山倉の真骨頂が出ている。西武にとってこれはボディーブローのようにあとになって効いてくるような気がする。

最初に私は段取りが大切といった。しかし、野球が勝負事である以上、それがすべてではない。七割は準備の優劣で決まるにしても、残りの三割はそれ以外の要素に左右される。たとえば運であるとか、卓抜な個人技だとかがそれにあたる。事前準備でやや後れをとった巨人は西本のシュートで盛り返した。とられた右上手をもう一度、切ったかっこうだろうか。

(83・11・11)

「この一球」の重み

日本シリーズの直前、テレビ朝日の仕事で南海時代の同僚だったスタンカに国際電話をかけた。スタンカといっても若い人は知らないだろうが、昭和三十年代の半ばから四十年代初めにかけて活躍したホワイトソックス出身のピッチャーである。今は故郷のオクラホマに帰って小さな刺繍専門の会社をやっている。私は長い間の無沙汰をわびて、早速、用件を切り出した。

「ところで、あの球のことだけど、本当にボールだったと思うかい」

忘れもしない。昭和三十六年、私たちは日本一をかけてジャイアンツと戦っていた。ホークスの一勝二敗で迎えた第四戦、南海は一点リードのまま九回裏の巨人の攻撃を迎えた。二死満塁のピンチ。バッターは宮本、カウントは2—1、ピッチャーのスタンカは長身をグラウンドにたたきつけるように最後の勝負球を投じた。真ん中低目に落ちるフォークボールである。あまりの落差に宮本は呆然と見逃した。勝った。私はやったと思った。ところが主審の円城寺さん（故人）の右手はボールのジェスチャーをしている。スタンカも私も信じられなかった。

「あの球」とはこのことである。電話口の向こうのスタンカは、

「ストライクさ。落ちすぎて分からなかったのだろう」

と、予期していたとおりの返事だった。今でも私はときどきこのときのシーンを夢に見る。そして、円城寺さんに抗議する自分の声で目を覚ます。

結局、このゲームは宮本に次の球を打たれて逆転サヨナラを喫し、シリーズの流れは巨人にいってしまう。あの一球が明暗を分けたといっていいだろう。私はしばらくのあいだ、円城寺さんをうらんでみたが、あるとき、自分のミスだったかもしれないと思いいたった。私には変なクセがあった。ストライクを捕球すると、その瞬間につっと腰が上がる。もしかすると、円城寺さんは私が立ち上がりかけたために球筋がよく見えなかったのかもしれない。とすると、これは私のミスである。まだまだ目配りが足りなかった。判定を逆うらみしていた昔の自分が恥ずかしい。

日本シリーズのような大試合になると「この一球」「この一打」あるいは「このエラー」が勝敗のカギを握る。指先ほどのプレーが攻守ところを変える原因になる。しかし、

今シリーズにはちょっと「この一球」が多すぎはしないか。なるほどサヨナラが三回もあって、見るほうは目が離せない。あちらに流れかけたかなと思うと、こんどはこちらに逆流してくる。ゲームのそこここに山あり谷あり、落とし穴ありでスリリングなのだが、伏線となる「この一球」にどうも重みがない。

たとえば二勝二敗で迎えた第五戦、西武は高橋の好投で六回まで2対0でリードしていた。七回からは東尾がしめくくりに登板、だれもが西武の優勢を疑わなかった。ところが東尾は原に真ん中低目のシュートを投げ、スタンドに運ばれてしまう。これで死にかけた巨人が息を吹き返した。これもたしかに「この一球」には違いない。

だが、ちょっと内容を分析してみると、避けようと思えば避けられた一発であることが分かる。東尾の投球は一球目が内角直球、二球目が一発を食う真ん中の球だが、私の見るところではこれも内角を狙った球だと思う。これがちょっとしたコントロールミスで原のツボに入ってしまった。

シリーズが始まる前から原に対する「内角攻め」はいわれていた。事実、成功したケースも少なくない。が、それも程度問題である。第五戦まで原の攻略法は内角一本に近い。原のほうだって、これだけやられれば準備をする。やるならやってみろと思うだろう。この時点で内角にきたストライクは都合二十七球だが、見逃したのは一球だけだ。

狙いを定めて打ちにきているのが、この数字から見てとれる。つまり原の意識は完全に内側に集中している。投げるほうからすればそれで目的の半分はすでに達成している。せっかくそう思っていてくれるのだから、あとは外を突けばいい。なのに突っぱって内《うち》、内《うち》といく。信じられない。

巨人にも同じことがいえる。第六戦、3対2でリードした巨人は九回裏、西本で決めに出た。これはいい。けれど投球内容はそれまでの西本とまるで違った。一イニングに十九球を投じたが、ボールはわずか三球（うち一球はウエストボール）しかない。残りは全部ストライクゾーンを横切るシュートである。このシリーズ、西本のシュートはライオンズ打線をたびたび沈黙させた。が、この日のシュートは前ほどの威力がなかった。連戦の疲労がにじみ出ていた。こういうときこそあいだにスライダーやカーブを混ぜて、バッターを攪乱しなければならない。筋肉が弱ったぶんは頭でカバーする必要がある。なのに彼は勝ちを急いでポンポンとストライクを投げこんだ。過信以外の何物でもない。これでは打って下さいというようなものだ。バッターはボールに〝のし〟がついて見えたのではないか。

外見は「この一球」のようではあるが、中身をさぐっていくと軽率さが顔を出す。勝負のアヤというにはいささかフワリとしすぎるように思う。

その点、往年の稲尾はこういうドタン場での投球術にたけていた。ピンチになってもあわてた様子がまるでない。投げ急ぎなんて考えられない。ランナーを背負っているのに悠々とサインを眺め、こちらがさあ、投げてくるぞと構えるとランナーを牽制したり、ロージンバッグを拾って間合いをはずす。これを何回もやられると、バッターはじれて集中心を分散させられる。「早う投げい」という気になる。

目が細いのも効果的だった。この世界でも目は口ほどにものをいう。その気でこちらがじっと目をにらみすえても肝心の稲尾の目がマブタにかくれて見えない。何を考えているのかまるで分からなかった。で、なんとなくはぐらかされた気持ちでいると、目の覚めるようなスピードボールが胸元を通過する。手が出なかった。それに彼ぐらいになるとボールを通じてバッターと会話を交わす。仮にバッターが外角のストライクを空振りする。すると彼は、

「じゃ、もうちょっと外はどうかな」

といった調子でボール一つぶん、さらに外に投げる。選球眼よろしくそれに手を出さないと、

「ふーん、よく見るね」

と、いつも自問自答を繰り返している。

といっても、稲尾のような投球術はだれにでも真似のできるものではない。ましてや絶体絶命のピンチに稲尾流を期待するのは酷だろう。そこで重視されるのがキャッチャーの役割である。東尾のケースでも西本の場合でも、ああいう興奮状態に立たされると、一時的に視野狭窄《きょうさく》に陥る。これは野手も同じだ。そうなったときにキャッチャーが、ちょっと待てよ、と水を向ける。

ここでキャッチャーの位置について考えていただきたい。ピッチャーも含めて八人は全員、フェアグラウンドにいるのに、キャッチャーだけはファウルグラウンドに座っている。もちろん、球を受ける都合上、そうなっているのだが、私はそれだけとは考えたくない。自分ひとりカヤの外にいることによって、観察者でいられるということはないか。全員が同じ方向ばかりを気にしだしたときに反対方向に目を向ける者、私はキャッチャーはそういう部署だと思っている。

シリーズ前、江夏がしきりに、

「キャッチャーのクセを盗むことですヮ。性格を見抜く。それがシリーズの野球じゃないですか」

といっていた。

ピッチャーは完投するのにふつう百数十球を要する。このうち、サインに「ノー」と首を振るのが多い人で十回前後だから、投球のほとんどはキャッチャーの指示によっている。江夏がキャッチャー論をぶつ理由もこのあたりにある。しかし、重要だといわれている割に、このシリーズでキャッチャーの光ったプレーはなかった。東尾の女房役大石の頑固一徹のリードといい、夫の勝ち急ぎを加速させた山倉の〝内助の功〟といい、どうも一緒に転んでしまう感じだ。こういう夫婦仲は決してほめられた代物ではない。山倉にいたっては第六戦で最終回に自軍が逆転したとたん、ベンチでいそいそとなにか支度を始めた。遠目には自分のバットをしまっているように見えた。優勝が決まって混乱したときのことでも考えていたのだろうか。そんな用意をするぐらいなら九回裏の西武のバッターに対する攻め方でも研究したらいい。

山倉に関してはこの欄でもしばしば触れた。

私自身、成長著しい彼の姿を見てうれしく思っていた。シリーズ後半になって、やや一辺倒の配球が目立つようになったが、これも疲れからだろうと受けとっていた。私にも経験があるが、六戦も七戦も連続してひとりでシリーズのマスクをかぶり続けると神経性疲労で頭がボーッとしてくる。だから、そのへんは差し引いているつもりだった。しかし、あんな妙な余裕があるのなら考え直さなければなるまい。とてもいただける行為ではなかった。

それにしても、今回のシリーズで最大の誤算は江川だろう。これは敵味方ともにあてはまる。三度の登板を見ていると何球かに一球かは相変わらず手を抜いた球を投げていた。長丁場の公式戦ならバッターも見逃すことがあるかもしれない。が、シリーズは違う。一球といえどもおろそかにできない。下位打線だとタカをくってかかると手痛い目に遭う。そのいい例が第六戦のピッチングだ。十回裏二死一、二塁で代打の金森に三球続けてカーブを投じてサヨナラ打を食らった。なぜ途中に一球、ストレートをはさまなかったのだろう。なぜ、カーブを生かす球を準備しなかったのだろう。それによしんば金森を歩かせても、西武にもう、めぼしいピンチヒッターはいない。どうして、そこまで頭に入れたピッチングができなかったのか。当然、山倉のリードにも問題はあるが、いやしくも江川は巨人の大エースである。女房にだけ責任を押しつけるわけにはいかない地位にいる。

エースというのは他の人間ができないことを平気の平左でやってのけるからこそ、その名がある。なにも勝ち星の数だけで判定するわけではない。よく、監督の気持ちを理解できる選手が多ければ多いほどそのチームは強い、といわれる。さしずめエースはその筆頭でなければなるまい。この場面に限っていえば江川はなんとかピンチをしのいで、西武に東尾か森を引きずり出させる。それまで頑張る。そうなれば仮に負けても最低限の役割を果たしたことになる。

エースの給料が高いのは単純に勝ち星で計算しているからではない。苦しいときに働いてくれる。そんな期待料もちゃんと入っている。負けるにしてもエースらしい負け方をしなければならないと思う。

藤田さんにとって江川の不調が最後まで悩みの種だったろう。藤田さんはちょっと目には優しくおだやかそうに見えるが、どうしてどうしてなかなか短気な人である。先発メンバーをあまり変えないところから、「信頼野球」とか「ガマン野球」といわれたが、こと江川に関する限り、堪忍袋の緒も何回か、切れかかったことだろう。シリーズではさぞ切歯扼腕《せっしやくわん》したことと思われる。

一方、広岡さんには江川の不調が吉と出たように思う。途中で軽い肉離れを起こしてくれたから、吉どころか上々吉といわなければならないだろう。優勝直後のインタビューで広岡さんは、

「やはり、日本のプロ野球は巨人でもっている。巨人を倒さなければ実力を認めてもらえない。だから今年は最初からそのつもりでやった」

といった。そして最後に、

「ラッキーです」

と付け加えた。その言葉にすべてが凝縮されている。つくづく運の強い人だと思う。もちろん、単純な運の強弱をいうつもりはない。運というものは何もせずにただ漫然と待っているだけではつかむことができない。しかし、人事の及ばないギリギリのところまで努力を重ねたあとはやはり運である。その分野に関心を持つ家内に聞いてみたところ、広岡さんは「五黄の申《さる》」という星の生まれだそうだ。勝負運がべらぼうに強い星の人らしい。V9を達成した川上さんもそれに似た強運の持ち主だという。初めは半信半疑で聞いていたのだが、最後に、

「私もそうよ、五黄の申よ」

と家内からいわれて、信仰心がにわかに高まるのを覚えた。

（83・11・18）

上巻・あとがき

評論家の小林秀雄さんが亡くなったとき、私は偶然、その死を報ずる新聞を読んだ。読み進むうちに小林さんが自分の評論活動のことを「個性を探す作業である」といっていた、という記述に出合った。ふだん詩や小説の類とは無縁の生活を送っている私だが、この一行は妙に心に残った。

野球評論家という職業について四年目になるが、世の人の、この職業についてのイメージは「ホメ屋」ないしは「ケナシ屋」といったところのようだ。その証拠に私が新聞やテレビでひと仕事したあとの反応はたいがい次の二種類である。

その第一が、

「ずいぶん、きつい言い方やなぁ、もう少し、優しくいってやれんのかなぁ」

という、そのチームなり選手に対する同情論。次いで二番目が、

「ノムラは○○に甘すぎる」

という逆の立場のお叱りである。この他にもヨミが浅いとか、メガネが曇っているなどというのもあるが、ともかく前二つが圧倒的に多い。

だが、私はそうした言葉を耳にするたびに、ちょっと違うんだがな、と内心、思い続けてきた。といってもそれが何であるかと聞かれると自分でもはっきり分からなかった。

小林さんのひとことは、私の心中のモヤをきれいに晴らしてくれた。もとより文芸評論と野球評論が同じだなどとだいそれたことをいうつもりはない。それに小林さんのいう意味と私の受けとり方が違うことだって十分、考えられる。しかし、私はそうした食い違いを恐れずにあえてこの言葉をいただこうと思っている。

一九八四年二月

野村克也

負《ま》けに不思議《ふしぎ》の負《ま》けなし
〈完全版《かんぜんばん》〉 上巻《じょうかん》

朝日文庫

2020年３月30日　第１刷発行
2020年４月10日　第２刷発行

著　者　野村克也《のむらかつや》

発行者　三宮博信
発行所　朝日新聞出版
〒104-8011　東京都中央区築地5-3-2
電話　03-5541-8832（編集）
03-5540-7793（販売）

印刷製本　大日本印刷株式会社

Published in Japan by Asahi Shimbun Publications Inc.
定価はカバーに表示してあります

ISBN978-4-02-262012-5